AF302391

Seneca

Epistulae morales ad Lucilium

Liber IX
Epistulae LXXV-LXXX

Latein/Deutsch

Michael Weischede

Herstellung und Verlag:

BoD - Books on Demand, Norderstedt

ISBN 9783756217373

Bibliografische Information der Deutschen Nationalbibliothek

Die Deutsche Nationalbibliothek verzeichnet diese Publikation in der
Deutschen Nationalbibliografie; detaillierte bibliografische Daten sind im
Internet über http://dnb.dnb.de abrufbar.

Vorwort

Senecas Briefe an seinen Freund Lucilius gehören zu den wenigen Texten der lateinischen Literatur, die auch nach dem Zusammenbruch des Römischen Reiches nicht in Vergessenheit gerieten. Während die meisten Publikationen der Antike erst in der Renaissance „wiedergeboren“ wurden, fanden die Epistulae morales ad Lucilium bis in unsere Zeit hinein durchgängig eine interessierte Leserschaft. Aus diesem Grund herrscht auch heute kein Mangel an Übersetzungen der Briefe. Es erschien mir deshalb wenig sinnvoll, eine weitere hinzuzufügen, ohne einen gesonderten Schwerpunkt zu setzen. Ich habe mich deshalb ganz bewusst für ein möglichst text- und wortgetreues Vorgehen entschieden und mich dabei weitestgehend an die Wortvorschläge der gängigen Lexika gehalten (Georges, PONS, Stowasser, Langenscheidt usw.). Vor allem Schülern sollte es auf diese Weise leichter fallen, die Übersetzung aus dem Lateinischen nachzuvollziehen und bei Bedarf mit ihren eigenen Bemühungen zu vergleichen.

Der lateinische Textteil stammt aus verschiedenen Internetquellen, wobei das Augenmerk auf der Gemeinfreiheit lag. Er ist also nicht editiert, und ich habe mir zudem erlaubt, ihn hier und da an meine stilistischen Vorlieben anzupassen. Für ein ernsthaftes wissenschaftliches Arbeiten ist er folglich nicht geeignet. Er soll nur aufzeigen, auf welcher Grundlage die Übersetzung erfolgte.

Soweit mir meine Motivation für dieses Projekt nicht abhanden kommt, werde ich nach und nach alle 20 Bücher mit den Briefen an Lucilius übersetzen und veröffentlichen. Bei meiner eher gemächlichen Arbeitsweise kann das allerdings einige Zeit dauern ...

Dortmund im Mai 2022

Seneca Lucilio suo Salutem,

(1) Minus tibi accuratas a me epistulas mitti quereris. Quis enim accurate loquitur nisi qui vult putide loqui? Qualis sermo meus esset si una desideremus aut ambularemus, inlaboratus et facilis, tales esse epistulas meas volo, quae nihil habent accersitum nec fictum.

(2) Si fieri posset, quid sentiam ostendere quam loqui mallem. Etiam si disputarem, nec supploderem pedem nec manum iactarem nec attollerem vocem, sed ista oratoribus reliquissem, contentus sensus meos ad te pertulisse, quos nec exornassem nec abiecissem.

(3) Hoc unum plane tibi adprobare vellem, omnia me illa sentire quae dicerem, nec tantum sentire sed amare. Aliter homines amicam, aliter liberos osculantur; tamen in hoc quoque amplexu tam sancto et moderato satis apparet adfectus. Non mehercules ieiuna esse et arida volo quae de rebus tam magnis dicentur (neque enim philosophia ingenio renuntiat), multum tamen operae inpendi verbis non oportet.

Buch 9 – Brief 75

Seneca grüßt seinen Lucilius,

(1) Du beklagst dich, dass dir zu wenig mit Sorgfalt bearbeitete Briefe von mir übersendet werden. Wen nenne ich denn sorgfältig, außer einen, der geziert zu sprechen wünscht? Wie meine Rede wäre, wenn wir gemeinsam untätig herumsitzen oder spazieren gehen würden, unbearbeitet und leicht zugänglich, so will ich, dass meine Briefe sind, die nichts Erzwungenes und nichts Verstelltes an sich haben.

(2) Wenn es möglich wäre, würde ich das, was ich meine, lieber veranschaulichen als aussprechen wollen. Auch wenn ich einen Vortrag hielte, würde ich weder mit dem Fuß aufstampfen noch mit der Hand gestikulieren noch die Stimme erheben, sondern hätte das den Rednern überlasen, damit zufrieden, meine Gedanken an dich überbracht zu haben, die ich weder ausgeschmückt noch hingeschleudert hatte.

(3) Diese eine Sache habe ich dir deutlich darlegen wollen, dass ich all jene Dinge meine, die ich sage, und nicht nur meine, sondern gutheiße. Einen Freund küssen die Menschen anders als ihre Kinder; dennoch wird auch in dieser so unschuldigen und maßvollen Umarmung ausreichend Zuneigung sichtbar. Ich will wahrhaftig nicht, dass nüchtern und trocken ist, was über so wichtige Dinge vorgetragen wird (denn die Philosophie legt nicht ihren schöpferischen Geist ab), trotzdem darf man nicht viel Mühe auf den Redestil verwenden.

(4) Haec sit propositi nostri summa: quod sentimus loquamur, quod loquimur sentiamus; concordet sermo cum vita. Ille promissum suum implevit qui et cum videas illum et cum audias idem est. Videbimus qualis sit, quantus sit: unus est.

(5) Non delectent verba nostra sed prosint. Si tamen contingere eloquentia non sollicito potest, si aut parata est aut parvo constat, adsit et res pulcherrimas prosequatur: sit talis ut res potius quam se ostendat. Aliae artes ad ingenium totae pertinent, hic animi negotium agitur.

(6) Non quaerit aeger medicum eloquentem, sed si ita competit ut idem ille qui sanare potest compte de iis quae facienda sunt disserat, boni consulet. Non tamen erit quare gratuletur sibi quod inciderit in medicum etiam disertum; hoc enim tale est quale si peritus gubernator etiam formosus est.

(4) Dieses möge die Vollendung unserer Aufgabe sein: wir sollten sagen, was wir meinen, wir sollten meinen, was wir sagen; die Worte sollten mit der Lebensweise im Einklang stehen. Derjenige hat sein Versprechen gehalten, der ebenderselbe ist, sowohl wenn man ihn sieht als auch wenn man ihn hört. Wir werden erkennen, von welcher Art er ist, wie groß er ist: er ist wie nur einer.

(5) Unser Redestil soll nicht unterhalten, sondern nützlich sein. Jedoch nur wenn die Redegewandtheit unbekümmert zuteilwerden kann – falls sie entweder gut eingeübt ist oder wenig [Aufwand] kostet –, soll sie zur Seite stehen und die vortrefflichsten Dinge begleiten: sie soll so beschaffen sein, dass sie eher den Sachverhalt als sich [selbst] erkennen lässt. Andere Künste berühren den schöpferischen Geist, hier bei uns wird eine Angelegenheit der Seele betrieben.

(6) Der Kranke sucht nicht einen redegewandten Arzt, aber wenn es sich so trifft, dass derselbe, der ihn heilen kann, gefällig über das spricht, was getan werden muss, wird er es gut aufnehmen. Trotzdem wird es keinen Grund geben, sich zu beglückwünschen, weil man an einen beredten Arzt geraten ist; denn das ist so, als wenn ein erfahrener Steuermann obendrein noch schön ist.

(7) Quid aures meas scabis? Quid oblectas? Aliud agitur: urendus, secandus, abstinendus sum. Ad haec adhibitus es; curare debes morbum veterem, gravem, publicum; tantum negotii habes quantum in pestilentia medicus. Circa verba occupatus es? Iamdudum gaude si sufficis rebus. Quando tam multa disces? Quando quae didiceris adfiges tibi ita ut excidere non possint? Quando illa experieris? Non enim, ut cetera, memoriae tradidisse satis est: in opere temptanda sunt; non est beatus qui scit illa, sed <qui> facit.

(8) 'Quid ergo? Infra illum nulli gradus sunt? Statim a sapientia praeceps est?' Non, ut existimo; nam qui proficit in numero quidem stultorum est, magno tamen intervallo ab illis diducitur. Inter ipsos quoque proficientes sunt magna discrimina: in tres classes, ut quibusdam placet, dividuntur.

(9) Primi sunt qui sapientiam nondum habent sed iam in vicinia eius constiterunt; tamen etiam quod prope est extra est. Qui sint hi quaeris? Qui omnes iam adfectus ac vitia posuerunt, quae erant conplectenda didicerunt, sed illis adhuc inexperta fiducia est. Bonum suum nondum in usu habent, iam tamen in illa quae fugerunt decidere non possunt; iam ibi sunt unde non est retro lapsus, sed hoc illis de se nondum liquet: quod in quadam epistula scripsisse me memini: 'Scire se nesciunt.' Iam contigit illis bono suo frui, nondum confidere.

(7) Warum kitzelst du meine Ohren? Warum erheiterst du mich? Es geht um etwas anderes: ich muss gebrannt, aufgeschnitten, auf Diät gesetzt werden. Dafür bist du hinzugezogen worden; du bist verpflichtet, eine lang bestehende, schwere [und] allen gemeine Krankheit zu heilen; du hast so viel Arbeit wie ein Arzt während einer Seuche. Du bist mit deinem Redestil beschäftigt? Freue dich jetzt eben, wenn du den Sachverhalten gewachsen bist. Wann wirst du so viel lernen? Wann wirst du dir die Dinge, die du lernen wolltest, derart einprägen, dass sie [dir] nicht entfallen können? Wann wirst du sie erproben? Es genügt nämlich nicht, sie wie andere Dinge der Erinnerung anvertraut zu haben: sie müssen unter Anstrengung geprüft werden; glücklich ist nicht derjenige, der von ihnen Kunde hat, sondern derjenige, der sie ausübt.

(8) „Was nun also? Sind jenem nachstehend keine Abstufungen möglich? Steht unmittelbar nach der Weisheit das Verderben?" Ich denke nicht; denn wer Fortschritte macht, gehört zwar zu den Törichten, wird allerdings durch einen großen Abstand von ihnen getrennt. Gerade auch unter denjenigen, die Fortschritte machen, sind große Unterschiede vorhanden: wie einige der Ansicht sind, werden sie in drei Rangstufen eingeteilt.

(9) Die ersten sind die, die noch keine Weisheit besitzen, aber schon in ihrer Nachbarschaft Posten bezogen haben; dennoch ist auch das, was nahe ist, noch außerhalb. Du fragst, wer diese sind? Diejenigen, die bereits alle Leidenschaften und Verfehlungen abgelegt haben, die gelernt haben, was [vom Geist] erfasst werden muss, aber bei denen das anvertraute Gut immer noch unerprobt ist. Sie gebrauchen ihr Gut noch nicht, können jedoch schon jetzt nicht [mehr] in das hinabsinken, vor dem sie entflohen sind; sie befinden sich schon dort, von wo es keinen Rückfall gibt, aber das ist ihnen in Bezug auf sich selbst noch nicht klar: ich erinnere mich [daran], was ich in irgendeinem Brief geschrieben hatte: „Sie wissen nicht, dass sie es wissen." Es ist ihnen bereits zuteilgeworden, sich an ihrem Gut zu erfreuen, [aber] noch nicht, sich fest darauf zu verlassen.

(10) Quidam hoc proficientium genus de quo locutus sum ita conplectuntur ut illos dicant iam effugisse morbos animi, adfectus nondum, et adhuc in lubrico stare, quia nemo sit extra periculum malitiae nisi qui totam eam excussit; nemo autem illam excussit nisi qui pro illa sapientiam adsumpsit.

(11) Quid inter morbos animi intersit et adfectus saepe iam dixi. Nunc quoque te admonebo: morbi sunt inveterata vitia et dura, ut avaritia, ut ambitio; nimio artius haec animum inplicuerunt et perpetua eius mala esse coeperunt. Ut breviter finiam, morbus est iudicium in pravo pertinax, tamquam valde expetenda sint quae leviter expetenda sunt; vel, si mavis, ita finiamus: nimis inminere leviter petendis vel ex toto non petendis, aut in magno pretio habere in aliquo habenda vel in nullo.

(12) Adfectus sunt motus animi inprobabiles, subiti et concitati, qui frequentes neglectique fecere morbum, sicut destillatio una nec adhuc in morem adducta tussim facit, adsidua et vetus pthisin. Itaque qui plurimum profecere extra morbos sunt, adfectus adhuc sentiunt perfecto proximi.

(10) Manche stellen diese voranschreitende Gruppe, von der ich gesprochen habe, zusammenfassend so dar, dass sie sagen, jene seien schon den Krankheiten der Seele entkommen, noch nicht den Leidenschaften, und sie stünden immer noch auf schlüpfrigem Boden, weil nur derjenige außerhalb der Gefahr einer schlechten Denk- und Handlungsweise stehe, der sie vollständig abgeschüttelt hat; es hat sie aber nur derjenige abgeschüttelt, der an ihrer Stelle die Weisheit aufgenommen hat.

(11) Welcher Unterschied zwischen den Krankheiten der Seele und den Leidenschaften besteht, habe ich schon oft erklärt. Ich werde nun auch dich daran erinnern: Krankheiten sind schlechte Eigenschaften, die Wurzeln geschlagen haben und verhärtet sind – wie die Habsucht, wie der Ehrgeiz; allzu eng haben sich diese um die Seele gewunden und deren fortwährenden Leiden haben ihren Anfang genommen. Um es mit wenigen Worten abzugrenzen: eine Krankheit ist eine am Verkehrten festhaltende Überzeugung, als ob heftig erstrebt werden müsste, was leicht zu erstreben ist; oder wir können es, wenn du es vorziehst, auf dieses Weise begrenzen: allzu sehr nach dem leicht zu Begehrenden oder nach dem, was ganz und gar nicht begehrt werden darf, zu trachten, oder als einen hohen Wert zu betrachten, was als ein beliebiger oder nicht als Wert betrachtet werden darf.

(12) Leidenschaften sind verwerfliche Erregungen der Seele, plötzliche und heftige, die bei häufigem Auftreten und durch Nichtbeachtung eine Krankheit verursacht haben. Gleichsam wie ein einziger und bisher nicht zur Gewohnheit geführter Katarrh Husten auslöst, [führt] ein wiederholender und schon lange bestehender [zur] Schwindsucht. Daher sind diejenigen, die sehr große Fortschritte machen, über Krankheiten hinaus; der Vervollkommnung zwar am nächsten, empfinden sie immer noch Leidenschaften.

(13) Secundum genus est eorum qui et maxima animi mala et adfectus deposuerunt, sed ita ut non sit illis securitatis suae certa possessio; possunt enim in eadem relabi.

(14) Tertium illud genus extra multa et magna vitia est, sed non extra omnia. Effugit avaritiam sed iram adhuc sentit; iam non sollicitatur libidine, etiamnunc ambitione; iam non concupiscit, sed adhuc timet, et in ipso metu ad quaedam satis firmus est, quibusdam cedit: mortem contemnit, dolorem reformidat.

(15) De hoc loco aliquid cogitemus: bene nobiscum agetur, si in hunc admittimur numerum. Magna felicitate naturae magnaque et adsidua intentione studii secundus occupatur gradus; sed ne hic quidem contemnendus est color tertius. Cogita quantum circa te videas malorum; aspice quam nullum sit nefas sine exemplo, quantum cotidie nequitia proficiat, quantum publice privatimque peccetur: intelleges satis nos consequi, si inter pessimos non sumus.

(16) 'Ego vero', inquis, 'spero me posse et amplioris ordinis fieri.' Optaverim hoc nobis magis quam promiserim: praeoccupati sumus, ad virtutem contendimus inter vitia districti. Pudet dicere: honesta colimus quantum vacat. At quam grande praemium expectat, si occupationes nostras et mala tenacissima abrumpimus!

(13) Die zweite Gruppe besteht aus denen, die sowohl die größten Krankheiten der Seele als auch die Leidenschaften abgelegt haben, aber auf eine Weise, dass ihnen der Besitz ihrer Gemütsruhe nicht sicher ist; sie können nämlich in denselben [vorherigen Zustand] zurückfallen.

(14) Jene dritte Gruppe befindet sich außerhalb der vielen und großen Verfehlungen, aber nicht außerhalb aller. Man ist der Habsucht entkommen, aber empfindet immer noch Zorn; man wird nicht mehr durch die sinnliche Lust verführt, [doch] auch jetzt noch durch den Ehrgeiz; man begehrt nicht länger, aber fürchtet noch, und selbst in der Furcht ist man bei manchem recht standhaft, manchem gibt man nach: den Tod verachtet, den Schmerz fürchtet man.

(15) Über diesen Rang sollten wir doch etwas nachdenken: gut wird es uns gehen, wenn wir in dieser Klasse zugelassen werden. Die zweite Stufe wird mit viel Glück aufgrund von Veranlagung und großer und unablässiger Anstrengung im Studium eingenommen; aber nicht einmal die erwähnte dritte Ausprägung muss verachtet werden. Bedenke, wie viel an Schlechtem du um dich herum siehst, erblicke, wie keine Sünde ohne Vorbild ist, wie große Fortschritte die Verdorbenheit Tag für Tag macht, wie viele Sünden öffentlich und privat begangen werden: du wirst erkennen, dass wir genug erreichen, wenn wir uns nicht unter den Geringsten befinden.

(16) „Ich hoffe ja", sagst du, „dass ich sogar in eine angesehenere Klasse geschätzt werden kann." Dieses möchte ich für uns eher wünschen, als versprechen: wir haben vorausgegriffen: allseits beschäftigt streben wir inmitten unserer Verfehlungen nach der Tugend. Es beschämt mich zu sagen: wir achten das sittlich Gute, sofern Zeit vorhanden ist. Aber welch großer Lohn doch bevorsteht, wenn wir unsere Geschäfte und hartnäckigsten Übel aufgeben!

(17) Non cupiditas nos, non timor pellet; inagitati terroribus, incorrupti voluptatibus, nec mortem horrebimus nec deos; sciemus mortem malum non esse, deos malo non esse. Tam inbecillum est quod nocet quam cui nocetur: optima vi noxia carent.

(18) Expectant nos, <si> ex hac aliquando faece in illud evadimus sublime et excelsum, tranquillitas animi et expulsis erroribus absoluta libertas. Quaeris quae sit ista? Non homines timere, non deos; nec turpia velle nec nimia; in se ipsum habere maximam potestatem: inaestimabile bonum est suum fieri. Vale.

(17) Nicht die Begierde, nicht die Furcht wird uns bedrängen; unberührt von Ängsten [und] rein von Leidenschaften werden wir weder vor dem Tod noch vor den Göttern erschaudern; wir werden verstehen, dass der Tod kein Übel ist, dass die Götter nicht von Übel sind. Was schadet, ist so schwach wie dasjenige, dem geschadet wird: das Beste ist frei von schädlichem Einfluss.

(18) Wenn wir eines Tages aus diesem Morast in jene Höhe und Erhabenheit entronnen sind, erwarten uns Seelenfrieden und, nachdem die Irrungen hinausgetrieben worden sind, eine unbeschränkte Freiheit. Was dies ist, fragst du? Nicht die Menschen zu fürchten, nicht die Götter; weder das sittlich Schlechte noch allzu vieles zu wollen; über sich selbst die größte Macht zu erlangen: es ist ein unschätzbares Gut, sein eigener Herr zu werden. Lebe wohl.

Liber IX – Epistula LXXVI

Seneca Lucilio suo Salutem,

(1) Inimicitias mihi denuntias si quicquam ex iis quae cotidie facio ignoraveris. Vide quam simpliciter tecum vivam: hoc quoque tibi committam. Philosophum audio et quidem quintum iam diem habeo ex quo in scholam eo et ab octava disputantem audio. 'Bona', inquis, 'aetate.' Quidni bona? Quid autem stultius est quam quia diu non didiceris non discere?

(2) 'Quid ergo? Idem faciam quod trossuli et iuvenes?' Bene mecum agitur si hoc unum senectutem meam dedecet: omnis aetatis homines haec schola admittit. 'In hoc senescamus, ut iuvenes sequamur?' In theatrum senex ibo et in circum deferar et nullum par sine me depugnabit: ad philosophum ire erubescam?

(3) Tamdiu discendum est quamdiu nescias; si proverbio credimus, quamdiu vivas. Nec ulli hoc rei magis convenit quam huic: tamdiu discendum est quemadmodum vivas quamdiu vivas. Ego tamen illic aliquid et doceo. Quaeris quid doceam? Etiam seni esse discendum.

Buch 9 – Brief 76

(1) Feindseligkeiten kündigst du mir an, falls du irgendetwas von dem, was ich Tag für Tag tue, nicht zur Kenntnis erhältst. Schau, wie aufrichtig ich mit dir umgehe: ich werde dir auch dieses anvertrauen: ich höre einen Philosophen und verlebe gewiss schon den fünften Tag, seitdem ich zur Vorlesung gehe und von der achten Stunde an dem Vortragenden zuhöre. „In einem ehrbaren Alter", wendest du ein. Warum nicht in einem ehrbaren [Alter]? Was hingegen ist dümmer, als nicht zu lernen, weil man seit langer Zeit nicht gelernt hat?

(2) „Was jetzt? Soll ich dasselbe tun, wie die Dandys und die Jünglinge?" Gut steht es um mich, wenn allein das meinem Alter nicht angemessen ist: diese Vorlesung lässt Menschen jeden Alters zu. „Sollen wir deshalb alt werden, um uns den Jünglingen anzuschließen?" Ich werde als alter Mann in das Theater gehen und in den Zirkus getragen, und kein Gladiatorenpaar wird ohne mich auf Leben und Tod kämpfen: soll ich mich schämen, zum Philosophen zu gehen?

(3) Es muss so lange gelernt werden, wie man [etwas] nicht versteht; wenn wir dem Sprichwort glauben, solange man lebt. Und dieses entspricht keiner Sache mehr als der Folgenden: auf welche Weise man leben soll, muss so lange gelernt werden, wie man lebt. Trotzdem lehre auch ich dort etwas. Du fragst, was ich lehre? Dass auch ein Greis noch lernen muss.

(4) Pudet autem me generis humani quotiens scholam intravi. Praeter ipsum theatrum Neapolitanorum, ut scis, transeundum est Metronactis petenti domum. Illud quidem fartum est, et ingenti studio quis sit pythaules bonus iudicatur; habet tubicen quoque Graecus et praeco concursum: at in illo loco in quo vir bonus quaeritur, in quo vir bonus discitur, paucissimi sedent, et hi plerisque videntur nihil boni negotii habere quod agant; inepti et inertes vocantur. Mihi contingat iste derisus: aequo animo audienda sunt inperitorum convicia et ad honesta vadenti contemnendus est ipse contemptus.

(5) Perge, Lucili, et propera, ne tibi accidat quod mihi, ut senex discas; immo ideo magis propera quoniam id nunc adgressus es quod perdiscere vix senex possis. 'Quantum', inquis, 'proficiam?' Quantum temptaveris.

(6) Quid expectas? Nulli sapere casu obtigit. Pecunia veniet ultro, honor offeretur, gratia ac dignitas fortasse ingerentur tibi: virtus in te non incidet. Ne levi quidem opera aut parvo labore cognoscitur; sed est tanti laborare omnia bona semel occupaturo. Unum est enim bonum quod honestum: in illis nihil invenies veri, nihil certi, quaecumque famae placent.

(4) Die menschliche Gattung jedoch beschämt mich, sooft ich eine Vorlesung besuche. Wie du weißt, muss man unmittelbar am Theater von Neapel vorbeigehen, wenn man das Haus des Metronax aufsucht. Ersteres ist sicherlich brechend voll, und mit ungeheurem Eifer wird entschieden, wer ein guter Flötenspieler ist; auch der griechische Tubabläser und der Ausrufer verursachen einen Auflauf: an jenem Ort dagegen, an dem der tugendhafte Mann zum Gegenstand der Betrachtung gemacht wird, an dem ein tugendhafter Mann etwas über sich erfahren wird, halten sich nur sehr wenige auf, und den meisten erscheint es, dass sie keine anständige Beschäftigung haben, der sie nachgehen; töricht und untätig ruft man sie. Mag mich dieser Spott [ruhig] treffen: mit gelassenem Herzen müssen diese Beleidigungen der Unkundigen vernommen werden und der zum sittlich Guten hin fortschreitet, muss gerade die Verachtung verachten.

(5) Mach dich auf, Lucilius, und eile dich, damit es dir nicht ergeht wie mir, dass du als alter Mann [noch] lernst; ja beeile dich deswegen sogar mehr, weil du jetzt das in Angriff genommen hast, was du als alter Mann nur mit Mühe gründlich erlernen kannst. „Wie weit werde ich fortschreiten?", fragst du. So weit [wie] du es erstrebst.

(6) Warum wartest du? Keinem ist es zuteilgeworden, zufällig weise zu sein. Das Vermögen wird von selbst entstehen, das Ehrenamt dargeboten, Einfluss und eine hohe gesellschaftliche Stellung dir vielleicht aufgedrängt werden: die sittliche Vollkommenheit wird nicht [von selbst] auf dich herabfallen. Durch leichte Arbeit und mit wenig Anstrengung lernt man sie nicht einmal kennen; es ist aber der Mühe wert, sich anzustrengen, um alle Güter ein für alle Mal in Besitz zu nehmen. Das einzige Gut ist nämlich dasjenige, das sittlich gut ist: in all den genannten Dingen, die der öffentlichen Meinung gefallen, wird sich nichts Wahrhaftiges finden, nichts Gewisses.

(7) Quare autem unum sit bonum quod honestum dicam, quoniam parum me exsecutum priore epistula iudicas magisque hanc rem tibi laudatam quam probatam putas, et in artum quae dicta sunt contraham.

(8) Omnia suo bono constant. Vitem fertilitas commendat et sapor vini, velocitas cervum; quam fortia dorso iumenta sint quaeris, quorum hic unus est usus, sarcinam ferre; in cane sagacitas prima est, si investigare debet feras, cursus, si consequi, audacia, si mordere et invadere: id in quoque optimum esse debet cui nascitur, quo censetur.

(9) In homine quid est optimum? Ratio: hac antecedit animalia, deos sequitur. Ratio ergo perfecta proprium bonum est, cetera illi cum animalibus satisque communia sunt. Valet: et leones. Formonsus est: et pavones. Velox est: et equi. Non dico, in his omnibus vincitur; non quaero quid in se maximum habeat, sed quid suum. Corpus habet: et arbores. Habet impetum ac motum voluntarium: et bestiae et vermes. Habet vocem: sed quanto clariorem canes, acutiorem aquilae, graviorem tauri, dulciorem mobilioremque luscinii?

(7) Weshalb jedoch einzig das ein Gut ist, was sittlich gut ist, will ich erklären, weil du ja der Meinung bist, dass ich es in einem früheren Brief nicht ausreichend erörtert habe, und meinst, dass dir dieser Sachverhalt eher angepriesen als dass er untersucht wurde, und ich werde knapp zusammenfassen, was behauptet worden ist.

(8) Alles beruht auf einem entsprechenden Gut. Den Rebstock zeichnet seine Fruchtbarkeit und der Geschmack des Weines aus, den Hirsch seine Schnelligkeit; wie kräftig der Rücken der Lasttiere ist, fragt man, deren einzige Verwendung darin besteht, eine Last zu tragen; bei einem Hund steht sein Spürsinn zuvorderst, wenn er wilde Tiere aufstöbern, Schnelligkeit, wenn er ihnen nachsetzen, Kühnheit, wenn er sie beißen und anfallen soll: bei jedem muss das am besten sein, wofür er bestimmt ist, wodurch er seinen eigentlichen Wert gewinnt.

(9) Was ist beim Menschen das Beste? Die Vernunft: den lebenden Wesen geht sie voran, den Göttern folgt sie. Die vollendete Vernunft ist demnach das ihm eigentümliche Gut, alles übrige hat er mit Tieren und Pflanzen gemeinsam. Er ist stark: die Löwen auch. Er ist wohlgestaltet: die Pfauen auch. Er ist schnell: die Pferde auch. Ich behaupte nicht, er wird bei all diesen übertroffen; ich frage nicht, was er als Höchstes, sondern was er als ihm Eigenes in sich trägt. Er hat einen Körper: die Bäume auch. Einen inneren Drang besitzt er und ein dem Willen unterworfenen Antrieb: die wilden Tiere und die Würmer auch. Eine Stimme hat er: aber eine wie viel lautere haben Hunde, eine wie viel durchdringendere die Adler, eine wie viel mächtigere die Stiere, eine wie viel lieblichere und gewandtere die Nachtigallen?

(10) Quid est in homine proprium? Ratio: haec recta et consummata felicitatem hominis implevit. Ergo si omnis res, cum bonum suum perfecit, laudabilis est et ad finem naturae suae pervenit, homini autem suum bonum ratio est, si hanc perfecit laudabilis est et finem naturae suae tetigit. Haec ratio perfecta virtus vocatur eademque honestum est.

(11) Id itaque unum bonum est in homine quod unum hominis est; nunc enim non quaerimus quid sit bonum, sed quid sit hominis bonum. Si nullum aliud est hominis quam ratio, haec erit unum eius bonum, sed pensandum cum omnibus. Si sit aliquis malus, puto inprobabitur; si bonus, puto probabitur. Id ergo in homine primum solumque est quo et probatur et inprobatur.

(12) Non dubitas an hoc sit bonum; dubitas an solum bonum sit. Si quis omnia alia habeat, valetudinem, divitias, imagines multas, frequens atrium, sed malus ex confesso sit, inprobabis illum; item si quis nihil quidem eorum quae rettuli habeat, deficiatur pecunia, clientium turba, nobilitate et avorum proavorumque serie, sed ex confesso bonus sit, probabis illum. Ergo hoc unum est bonum hominis, quod qui habet, etiam si aliis destituitur, laudandus est, quod qui non habet in omnium aliorum copia damnatur ac reicitur.

(10) Was ist beim Menschen das ihm Eigene? Die Vernunft: diese, sittlich gut und vollendet, lässt das Glück des Menschen Wirklichkeit werden. Wenn folglich jedes Wesen, sobald es sein ihm eigenes Gut vervollkommnet hat, lobenswert ist und es die Grenze seiner natürlichen Veranlagung erreicht hat, die Vernunft nun aber das dem Menschen eigentümliche Gut ist, gilt er als lobenswert, wenn er diese vollendet hat und an die Grenze seiner natürlichen Veranlagung gestoßen ist. Diese vollendete Vernunft bezeichnet man als sittliche Vollkommenheit und zugleich ist sie das sittlich Gute.

(11) Dieses ist deshalb das eine Gut beim Menschen, weil allein der Mensch es besitzt; denn wir fragen jetzt nicht, was ein Gut ist, sondern was das Gut des Menschen ist. Wenn kein anderes typisch für den Menschen ist, wird es sein einzig [wahres] Gut sein, allerdings muss man es gegen alle [Güter] abwägen. Wenn irgendjemand niederträchtig ist, wird er, meine ich, getadelt; wenn er rechtschaffen ist, denke ich, wird er für gut befunden. Wodurch er sowohl gutgeheißen als auch getadelt wird, ist beim Menschen folglich das erste und alleinige [Gut].

(12) Du zweifelst nicht, ob dieses ein Gut ist; du zweifelst, ob es ein alleiniges Gut ist. Wenn irgendeiner alles andere besitzen würde, Gesundheit, Reichtum, viele Ahnenbilder, ein stark besuchtes Atrium, aber unzweifelhaft niederträchtig wäre, wirst du ihn tadeln; desgleichen: wenn irgendeiner zwar nichts von den Dingen besitzen würde, die ich vorgetragen habe, es ihm an Vermögen mangeln würde, an der Schar von Klienten, an adliger Herkunft und einer [langen] Reihe von Ahnen und Urahnen, er aber unzweifelhaft gut wäre, wirst du ihn gutheißen. Also ist dieses das eine Gut des Menschen, weil derjenige, der es besitzt, lobenswert ist, auch wenn er der anderen beraubt wird, [und] weil derjenige, der es nicht besitzt, trotz der Überfülle an allen anderen abgelehnt und zurückgewiesen wird.

(13) Quae condicio rerum, eadem hominum est: navis bona dicitur non quae pretiosis coloribus picta est nec cui argenteum aut aureum rostrum est nec cuius tutela ebore caelata est nec quae fiscis atque opibus regiis pressa est, sed stabilis et firma et iuncturis aquam excludentibus spissa, ad ferendum incursum maris solida, gubernaculo parens, velox et non sentiens ventum;

(14) gladium bonum dices non cui auratus est balteus nec cuius vagina gemmis distinguitur, sed cui et ad secandum subtilis acies est et mucro munimentum omne rupturus; regula non quam formosa, sed quam recta sit quaeritur: eo quidque laudatur cui comparatur, quod illi proprium est.

(15) Ergo in homine quoque nihil ad rem pertinet quantum aret, quantum feneret, a quam multis salutetur, quam pretioso incumbat lecto, quam perlucido poculo bibat, sed quam bonus sit. Bonus autem est si ratio eius explicita et recta est et ad naturae suae voluntatem accommodata.

(16) Haec vocatur virtus, hoc est honestum et unicum hominis bonum. Nam cum sola ratio perficiat hominem, sola ratio perfecte beatum facit; hoc autem unum bonum est quo uno beatus efficitur. Dicimus et illa bona esse quae a virtute profecta contractaque sunt, id est opera eius omnia; sed ideo unum ipsa bonum est quia nullum sine illa est.

(13) Wie die Beschaffenheit der Dinge ist, ist gleichfalls die des Menschen: ein Schiff wird gut genannt, nicht wenn es mit kostbaren Farben bemalt ist, [oder] einen Schnabel aus Silber oder Gold hat oder seine Schutzgottheit fein mit Elfenbein ausgeführt ist, und auch nicht wenn es mit Staatsgeldern und königlichen Schätzen beladen ist, sondern wenn es sowohl zuverlässig als auch sicher und dicht ist, weil die Fugen das Wasser fernhalten, es massiv ist, um den Ansturm des Meeres auszuhalten, es dem Steuerruder gehorcht, es schnell ist und den Sturm nicht spürt;

(14) ein Schwert wird man gut nennen, nicht wenn es ein goldenes Wehrgehenk hat oder seine Scheide mit Edelsteinen verziert wird, sondern wenn es sowohl eine feine, scharf schneidende Klinge besitzt als auch eine Spitze, die jeden Körperschutz durchstoßen wird; bei einer Messlatte wird nicht gefragt, wie schön, sondern wie gerade sie ist: deshalb wird ein jedes gelobt, wozu es erworben wird, was ihm zu eigen ist.

(15) Folglich hat es für den Menschen auch keine Bedeutung, wie viel er durch Ackerbau erwirtschaftet, wie viel er gegen Zins verleiht, von wie vielen er gegrüßt wird, wie kostbar das Sofa ist, auf das er sich legt, wie durchscheinend der Becher ist, aus dem er trinkt, sondern wie gut er ist. Gut aber ist er, wenn sich seine Vernunft entwickelt und sie tugendhaft und an seine naturgegebene Neigung angepasst ist.

(16) Dieses wird die sittliche Vollkommenheit genannt, dieses ist das sittlich Gute und das eine Gut des Menschen. Denn wenn allein die Vernunft den Menschen vollendet, bringt allein die Vernunft das vollendete Glück hervor; das eine Gut ist aber dasjenige, wodurch er allein glücklich gemacht wird. Wir behaupten, dass auch jenes Güter sind, die aus der sittlichen Vollkommenheit hervorgegangen und verursacht sind, das heißt alle ihre Werke; doch ist sie gerade deshalb das eine Gut, weil es ohne sie kein [anderes] gibt.

(17) Si omne in animo bonum est, quidquid illum confirmat, extollit, amplificat, bonum est; validiorem autem animum et excelsiorem et ampliorem facit virtus. Nam cetera quae cupiditates nostras inritant deprimunt quoque animum et labefaciunt et cum videntur attollere inflant ac multa vanitate deludunt. Ergo id unum bonum est quo melior animus efficitur.

(18) Omnes actiones totius vitae honesti ac turpis respectu temperantur; ad haec faciendi et non faciendi ratio derigitur. Quid sit hoc dicam: vir bonus quod honeste se facturum putaverit faciet etiam [sine pecunia] si laboriosum erit, faciet etiam si damnosum erit, faciet etiam si periculosum erit; rursus quod turpe erit non faciet, etiam si pecuniam adferet, etiam si voluptatem, etiam si potentiam; ab honesto nulla re deterrebitur, ad turpia nulla invitabitur.

(19) Ergo si honestum utique secuturus est, turpe utique vitaturus, et in omni actu vitae spectaturus haec duo, <nec aliud bonum quam honestum> nec aliud malum quam turpe, si una indepravata virtus est et sola permanet tenoris sui, unum est bonum virtus, cui iam accidere ne sit bonum non potest. Mutationis periculum effugit: stultitia ad sapientiam erepit, sapientia in stultitiam non revolvitur.

(17) Wenn sich ein jedes Gut in der Seele findet, ist all das ein Gut, was sie stärkt, was sie ermutigt, was sie erhöht; eine gesündere und erhabenere und großartigere Seele aber bringt die sittliche Vollkommenheit hervor. Denn die übrigen Dinge, die unsere Begierden erregen, halten auch die Seele nieder und bringen sie zum Schwanken und dann, wenn sie emporzuheben scheinen, machen sie übermütig und treiben ihr Spiel mit vielen Nichtigkeiten. Das eine Gut ist also dasjenige, durch welches die Seele besser gemacht wird.

(18) Alle Handlungen des Lebens insgesamt werden unter Berücksichtigung des sittlich Guten und des sittlich Schlechten eingerichtet. Der innere Grund zum Handeln und zum Nichthandeln wird nach diesen bestimmt. Was das bedeutet, werde ich erklären: ein guter Mann wird das, was er für sich als ehrenwert zu tun ansieht, auch ohne Geld leisten, selbst wenn es mit viel Arbeit verbunden ist; er wird es sogar tun, wenn es nachteilig ist, er wird es sogar tun, wenn es gefährlich ist. Was schändlich ist, wird er hingegen nicht tun, selbst wenn es Vermögen, selbst wenn es Vergnügen, selbst wenn es Macht einbringt; von der sittlichen Vollkommenheit wird er durch nichts abgehalten, vom Schändlichen zu nichts verleitet werden.

(19) Wenn er also um jeden Preis zum sittlich Guten streben, das sittlich Schlechte um jeden Preis vermeiden und bei jeder Verrichtung des Lebens folgende zwei Dinge in Betracht ziehen wird: dass es weder ein anderes Gut als das sittlich Gute gibt noch ein anderes Übel als das sittlich Schlechte, dass wenn nur die sittliche Vollkommenheit unverdorben ist und sie allein in ihrer Eigenart fortdauert, [dann] ist die sittliche Vollkommenheit das einzige Gut, der es nicht mehr widerfahren kann, dass sie kein Gut ist. Sie entgeht der Gefahr der Veränderung: von der Torheit klimmt sie sich empor zur Weisheit, von der Weisheit wird sie nicht wieder in die Torheit zurückfallen.

(20) Dixi, si forte meministi, et concupita vulgo et formidata inconsulto impetu plerosque calcasse: inventus est qui divitias proiceret, inventus est qui flammis manum inponeret, cuius risum non interrumperet tortor, qui in funere liberorum lacrimam non mitteret, qui morti non trepidus occurreret; amor enim, ira, cupiditas pericula depoposcerunt. Quod potest brevis obstinatio animi, aliquo stimulo excitata, quanto magis virtus, quae non ex impetu nec subito sed aequaliter valet, cui perpetuum robur est?

(21) Sequitur ut quae ab inconsultis saepe contemnuntur, a sapientibus semper, ea nec bona sint nec mala. Unum ergo bonum ipsa virtus est, quae inter hanc fortunam et illam superba incedit cum magno utriusque contemptu.

(22) Si hanc opinionem receperis, aliquid bonum esse praeter honestum, nulla non virtus laborabit; nulla enim obtineri poterit si quicquam extra se respexerit. Quod si est, rationi repugnat, ex qua virtutes sunt, et veritati, quae sine ratione non est; quaecumque autem opinio veritati repugnat falsa est.

(20) Ich habe behauptet, wenn du dich zufällig daran erinnerst, dass sehr viele das, was vom Volk sowohl gewünscht als auch gefürchtet wird, aus unbedachtem Drang verachtet haben: einer fand sich, der freiwillig auf Reichtum verzichtet hat, einer fand sich, der seine Hand in die Flammen hielt, dessen Lachen kein Folterknecht unterbrochen hat, der beim Begräbnis der Kinder keine Träne vergossen hat, der dem Tod ohne Angst entgegentrat; denn Liebe, Zorn, [und] Leidenschaft haben die Gefahren herausgefordert. Was eine kurze Festigkeit des Herzens vermag, die durch irgendeinen Ansporn hervorgerufen wurde, wie viel mehr [vermag] die sittliche Vollkommenheit, die nicht aus einem Trieb und nicht plötzlich, sondern gleichmäßig Einfluss nimmt, die eine immerwährende Stärke besitzt?

(21) Daraus folgt, dass dasjenige, das von den Unbesonnenen oft, von den Weisen immer geringgeschätzt wird, weder Güter noch Übel sind. Folglich ist das eine Gut die sittliche Vollkommenheit selbst, die erhaben zwischen diesem und jenem Schicksal einhergeht, mit großer Verachtung für beide.

(22) Wenn du folgende Annahme zulässt, dass irgendetwas ein Gut ist außer dem sittlich Guten, wird jede sittliche Vollkommenheit in Bedrängung geraten; denn keine wird fortwährend bestehen können, wenn sie auf irgendetwas außerhalb von sich selbst hofft. Wenn dies der Fall ist, steht es der Vernunft entgegen, auf welcher die Tugenden beruhen, und auch der Wahrheit, die ohne die Vernunft nicht existiert; jede Anschauung aber, die der Wahrheit entgegensteht, ist unwahr.

(23) Virum bonum concedas necesse est summae pietatis erga deos esse. Itaque quidquid illi accidit aequo animo sustinebit; sciet enim id accidisse lege divina qua universa procedunt. Quod si est, unum illi bonum erit quod honestum; in hoc enim positum <est> et parere diis nec excandescere ad subita nec deplorare sortem suam, sed patienter excipere fatum et facere imperata.

(24) Si ullum aliud est bonum quam honestum, sequetur nos aviditas vitae, aviditas rerum vitam instruentium, quod est intolerabile, infinitum, vagum. Solum ergo bonum est honestum, cui modus est.

(25) Diximus futuram hominum feliciorem vitam quam deorum, si ea bona sunt quorum nullus diis usus est, tamquam pecunia, honores. Adice nunc quod, si modo solutae corporibus animae manent, felicior illis status restat quam est dum versantur in corpore. Atqui si ista bona sunt quibus per corpora utimur, emissis erit peius, quod contra fidem est, feliciores esse liberis et in universum datis clusas et obsessas.

(23) Du musst zugeben, dass ein guter Mann höchste Frömmigkeit gegenüber den Göttern besitzt. Daher wird er alles, was ihm zustößt, mit gelassenem Herzen ertragen; er weiß nämlich, dass es aufgrund der göttlichen
Ordnung eingetreten ist, aus der das Universum hervorgeht. Wenn dies der
Fall ist, wird für ihn allein das ein Gut sein, was sittlich gut ist; denn darauf gründet es sich, sowohl den Göttern zu gehorchen als auch bei uner-
warteten Ereignissen nicht aufzubrausen und auch sein Schicksal nicht zu
beklagen, sondern das Los des Lebens geduldig auf sich zu nehmen und
zu tun, was [einem] auferlegt wurde.

(24) Wenn es irgendein anderes Gut gibt als das sittlich Gute, wird uns eine Gier nach dem Leben begleiten, eine Gier nach Dingen, die das Leben
ausstaffieren, wenn sie auch unerträglich, grenzenlos und schwankend ist.
Also ist nur das sittlich Gute, welches Maß und Ziel besitzt, ein Gut.

(25) Wir haben gesagt, dass das Leben der Menschen glücklicher sein
wird als das der Götter, wenn diejenigen [Dinge] Güter sind, die für die
Götter keinen Nutzen haben, so wie Vermögen, [und] Ämter. Nimm nun
hinzu, dass, sofern nur die von den Körpern getrennten Seelen erhalten
bleiben, diesen ein glücklicherer Zustand bevorsteht, als es der Fall ist,
solange sie sich im Körper aufhalten. Doch wenn es diejenigen Güter
sind, derer wir uns mit Hilfe des Körpers bedienen, wird es nach der Ent-
sendung [der Seelen] schlechter stehen, was gegen jede Glaubwürdigkeit
ist, dass sie eingeschlossen und eingeengt glücklicher sind als frei und
dem Universum überreicht.

(26) Illud quoque dixeram, si bona sunt ea quae tam homini contingunt quam mutis animalibus, et muta animalia beatam vitam actura; quod fieri nullo modo potest. Omnia pro honesto patienda sunt; quod non erat faciendum si esset ullum aliud bonum quam honestum. Haec quamvis latius exsecutus essem priore epistula, constrinxi et breviter percucurri.

(27) Numquam autem vera tibi opinio talis videbitur, nisi animum adleves et te ipse interroges, si res exegerit ut pro patria moriaris et salutem omnium civium tua redimas, an porrecturus sis cervicem non tantum patienter sed etiam libenter. Si hoc facturus es, nullum aliud bonum est; omnia enim relinquis ut hoc habeas. Vide quanta vis honesti sit: pro re publica morieris, etiam si statim facturus hoc eris cum scieris tibi esse faciendum.

(28) Interdum ex re pulcherrima magnum gaudium etiam exiguo tempore ac brevi capitur, et quamvis fructus operis peracti nullus ad defunctum exemptumque rebus humanis pertineat, ipsa tamen contemplatio futuri operis iuvat, et vir fortis ac iustus, cum mortis suae pretia ante se posuit, libertatem patriae, salutem omnium pro quibus dependit animam, in summa voluptate est et periculo suo fruitur.

(26) Ich hatte auch Folgendes gesagt: wenn das, was dem Menschen wie den sprachlosen Tiere zuteil wird, Güter sind, können auch die sprachlosen Tieren ein glückliches Leben führen; darum ist es nicht möglich. Für das sittlich Gute muss alles erduldet werden; das müsste man nicht tun, wenn es irgendein anderes Gut geben würde als das sittlich Gute. Ich habe dieses, obgleich ich es in einem früheren Brief ausführlicher erörtert habe, [noch einmal] kurz zusammengefasst und mit wenigen Worten der Reihe nach angeführt.

(27) Niemals aber wird dir eine solche Meinung richtig erscheinen, wenn du nicht deine Seele emporhebst und dich selbst fragst, ob es die Lage erfordert, dass du für das Vaterland stirbst und das Wohl aller Bürger mit deinem eigenen erkaufst, oder ob du deinen Nacken nicht nur geduldig, sondern auch bereitwillig darreichen wirst. Wenn du das tun wirst, ist nichts anderes ein Gut; du gibst nämlich alles auf, um dieses zu besitzen. Sieh, wie groß die Stärke des sittlich Guten ist: du wirst für den Staat sterben, selbst wenn du es augenblicklich tun wirst, weil du verstehst, dass du es tun musst.

(28) Sogar in einem kurzen und flüchtigen Augenblick wird bisweilen eine große Freude aus einer außerordentlich vortrefflichen Tat gewonnen; und obgleich aus der vollendeten Tat demjenigen kein Lohn zukommt, der verstorben und von den menschlichen Dingen losgelöst ist, erfreut doch allein schon die Betrachtung der künftigen Tat, und ein tapferer und rechtschaffener Mann befindet sich in größter Freude und genießt sein Wagnis, sooft er sich den Lohn seines Todes vor [Augen] hält – die Freiheit des Vaterlandes, [oder] das Wohl all derer, für die er sein Leben hingibt.

(29) Sed ille quoque cui etiam hoc gaudium eripitur quod tractatio operis maximi et ultimi praestat, nihil cunctatus desiliet in mortem, facere recte pieque contentus. Oppone etiamnunc illi multa quae dehortentur, dic: 'Factum tuum matura sequetur oblivio et parum grata existimatio civium.' Respondebit tibi: 'Ista omnia extra opus meum sunt, ego ipsum contemplor; hoc esse honestum scio; itaque quocumque ducit ac vocat venio.'

(30) Hoc ergo unum bonum est, quod non tantum perfectus animus sed generosus quoque et indolis bonae sentit: cetera levia sunt, mutabilia. Itaque sollicite possidentur; etiam si favente fortuna in unum congesta sunt, dominis suis incubant gravia et illos semper premunt, aliquando et inludunt.

(31) Nemo ex istis quos purpuratos vides felix est, non magis quam ex illis quibus sceptrum et chlamydem in scaena fabulae adsignant: cum praesente populo lati incesserunt et coturnati, simul exierunt, excalceantur et ad staturam suam redeunt. Nemo istorum quos divitiae honoresque in altiore fastigio ponunt magnus est. Quare ergo magnus videtur? Cum basi illum sua metiris. Non est magnus pumilio licet in monte constiterit; colossus magnitudinem suam servabit etiam si steterit in puteo.

(29) Aber auch jener, dem sogar diese Freude geraubt wird, welche das Ausüben der größten und äußersten Tat gewährt, wird sich ohne Zögern in den Tod stürzen, zufrieden damit, tugendhaft und pflichtbewusst zu handeln. Bring auch jetzt noch viele Dinge vor, die davon abraten sollen, sag: „Deiner Tat wird ein frühes Vergessen und ein wenig dankbares Urteil deiner Mitbürger zuteil." Er wird dir antworten: „Dies alles findet außerhalb meiner Tat statt, ich betrachte sie allein für sich; ich weiß, dass sie sittlich gut ist; also gehe ich ihr entgegen, wohin auch immer sie [mich] führt und ruft."

(30) Dieses also ist das eine Gut, das nicht nur eine vollendete, sondern auch eine vorzügliche und eine gut veranlagte Seele empfindet: die übrigen [Güter] sind unbeständig, sind launisch. Deshalb besitzt man sie voll unruhiger Anspannung; selbst wenn sie durch ein begünstigendes Schicksal auf einen einzigen zusammengehäuft sind, lasten sie schwer auf ihren Herren und bedrücken sie in einem fort, zuweilen treiben sie sogar ihr Spiel mit ihnen.

(31) Niemand von denen, die du Purpurfarben tragen siehst, ist glücklich, genauso wenig wie diejenigen, denen die Geschichten auf der Bühne Zepter und Krönungsmantel zuweisen: sooft sie breitspurig und auf Kothurnen gehend einherschreiten, legen sie, sobald sie abgetreten sind, die Schuhe beiseite und nehmen wieder ihre [normale] Größe an. Keiner von denen, die Reichtümer und Ämter in eine höhere Stellung bringen, ist groß. Warum also erscheint er als groß? Man misst ihn mit seinem Sockel. Ein Zwerg ist nicht groß, mag er sich auch auf einen Berg stellen; ein Riese wird seine Größe bewahren, auch wenn er in einer Grube steht.

(32) Hoc laboramus errore, sic nobis inponitur, quod neminem aestimamus eo quod est, sed adicimus illi et ea quibus adornatus est. Atqui cum voles veram hominis aestimationem inire et scire qualis sit, nudum inspice; ponat patrimonium, ponat honores et alia fortunae mendacia, corpus ipsum exuat: animum intuere, qualis quantusque sit, alieno an suo magnus.

(33) Si rectis oculis gladios micantes videt et si scit sua nihil interesse utrum anima per os an per iugulum exeat, beatum voca; si cum illi denuntiata sunt corporis tormenta et quae casu veniunt et quae potentioris iniuria, si vincula et exilia et vanas humanarum formidines mentium securus audit et dicit:

'non ulla laborum,
o virgo, nova mi facies inopinave surgit;
omnia praecepi atque animo mecum ipse peregi.

Tu hodie ista denuntias: ego semper denuntiavi mihi et hominem paravi ad humana.'

(34) Praecogitati mali mollis ictus venit. At stultis et fortunae credentibus omnis videtur nova rerum et inopinata facies; magna autem pars est apud inperitos mali novitas. Hoc ut scias, ea quae putaverant aspera fortius, cum adsuevere, patiuntur.

(32) Unter diesem Irrglauben leiden wir, so werden wir hinters Licht geführt, dass wir niemanden danach beurteilen, was er ist, sondern wir fügen auch Dinge hinzu, mit denen er ausgestattet wurde. Doch wenn du es für wünschenswerter hältst, eine wahrhaftige Beurteilung vorzunehmen und zu wissen, was für einer er ist, betrachte ihn unbekleidet; er soll sein väterliches Erbe ablegen, er soll die Ehrenämter und die übrigen Vorspiegelungen des Erfolgs ablegen, selbst von seinem Körper soll er sich frei machen: blicke auf die Seele, wie sie geartet und wie bedeutend sie ist, ob durch Fremdes oder Eigenes groß.

(33) Wenn er mit unverwandtem Blick die blitzenden Schwerter betrachtet und wenn er weiß, dass es für ihn keinen Unterschied macht, ob die Seele durch den Mund oder durch die Kehle entweicht, nenne ihn glücklich; [ebenso] wenn er, obgleich ihm körperliche Qualen drohend verkündet werden, sowohl diejenigen, die ihn zufällig, als auch diejenigen, die ihn durch das Unrecht eines Mächtigeren treffen, [ebenso] wenn er von Fesseln und Verbannungen und nichtigen Schreckensbildern der menschlichen Vorstellungen ohne Sorge hört und sagt:

„kein Unglück,
oh Jungfrau, erhebt sich neu oder unerwartet an Gestalt vor mir,
alles habe ich voraus empfunden und bei mir im Geiste nachvollzogen.

Du verkündest heute dieses: ich habe es mir immer angekündigt und den Menschen auf das Menschliche vorbereitet."

(34) Sanft nähert sich der Schlag eines Unheils, das vorab bedacht wurde. Aber den Törichten und allen, die an den Zufall glauben, erscheint die Gestalt der Geschehnisse neu und unerwartet; bei den Unvorbereiteten liegt das jedoch zum Großteil an der Neuartigkeit des Übels. Um dieses zu verstehen: sie erdulden das, was sie für misslich gehalten hatten, tapferer, wenn sie sich daran gewöhnt haben.

(35) Ideo sapiens adsuescit futuris malis, et quae alii diu patiendo levia faciunt hic levia facit diu cogitando. Audimus aliquando voces inperitorum dicentium: 'Sciebam hoc mihi restare.' Sapiens scit sibi omnia restare; quidquid factum est, dicit: 'Sciebam.' Vale.

(35) Deswegen gewöhnt sich der Weise an künftige Übel, und was andere sich durch langes Erdulden erträglich machen, macht er sich durch langes Nachdenken erträglich. Von Zeit zu Zeit hören wir die Stimmen der Unvorbereiteten, die sagen: „Ich habe gewusst, dass mir dieses hier noch bevorsteht." Der Weise erkennt, dass ihm alles noch bevorsteht. Was auch immer geschieht, er sagt: „Ich wusste es." Lebe wohl.

Liber IX – Epistula LXXVII

Seneca Lucilio suo Salutem,

(1) Subito nobis hodie Alexandrinae naves apparuerunt, quae praemitti solent et nuntiare secuturae classis adventum: tabellarias vocant. Gratus illarum Campaniae aspectus est: omnis in pilis Puteolorum turba consistit et ex ipso genere velorum Alexandrinas quamvis in magna turba navium intellegit; solis enim licet siparum intendere, quod in alto omnes habent naves.

(2) Nulla enim res aeque adiuvat cursum quam summa pars veli; illinc maxime navis urgetur. Itaque quotiens ventus increbruit maiorque est quam expedit, antemna summittitur: minus habet virium flatus ex humili. Cum intravere Capreas et promunturium ex quo

alta procelloso speculatur vertice Pallas,

ceterae velo iubentur esse contentae: siparum Alexandrinarum insigne [indicium] est.

Seneca grüßt seinen Lucilius,

(1) Unerwartet zeigten sich uns heute Schiffe aus Alexandria, die gewöhnlich vorausgeschickt werden und die Ankunft einer nachfolgenden Flotte ankündigen: Briefboten nennt man sie. Ihr Erscheinen ist in Kampanien willkommen: das ganze Volk von Puteoli stellt sich an den Hafenmolen auf und erkennt in einem noch so großen Getümmel an Schiffen die alexandrinischen schon an der Beschaffenheit der Segel; denn ihnen allein ist es erlaubt, das Toppsegel zu setzen, das auf hoher See alle Schiffe führen.

(2) Nichts begünstigt nämlich in gleicher Weise die Reise zur See wie der oberste Teil des Segels; vor allem von dort aus wird das Schiff vorwärts getrieben. Daher wird die Rahe heruntergelassen, sooft der Wind zunimmt und heftiger ist, als es zuträglich ist: weniger Kraft hat der wehende Wind an dem tiefer stehenden [Segel]. Sobald sie Capri und das Vorgebirge erreicht haben, von wo aus

auf stürmischem Gipfel Pallas in den Weiten Ausschau hält,

werden die Übrigen aufgefordert, sich mit dem [üblichen] Segel zu begnügen: das Rahsegel der alexandrinischen [Schiffe] ist ein hervorstechendes Merkmal.

(3) In hoc omnium discursu properantium ad litus magnam ex pigritia mea sensi voluptatem, quod epistulas meorum accepturus non properavi scire quis illic esset rerum mearum status, quid adferrent: olim iam nec perit quicquam mihi nec adquiritur. Hoc, etiam si senex non essem, fuerat sentiendum, nunc vero multo magis: quantulumcumque haberem, tamen plus iam mihi superesset viatici quam viae, praesertim cum eam viam simus ingressi quam peragere non est necesse.

(4) Iter inperfectum erit si in media parte aut citra petitum locum steteris: vita non est inperfecta si honesta est; ubicumque desines, si bene desines, tota est. Saepe autem et fortiter desinendum est et non ex maximis causis; nam nec eae maximae sunt quae nos tenent.

(5) Tullius Marcellinus, quem optime noveras, adulescens quietus et cito senex, morbo et non insanabili correptus sed longo et molesto et multa imperante, coepit deliberare de morte. Convocavit complures amicos. Unusquisque aut, quia timidus erat, id illi suadebat quod sibi suasisset, aut, quia adulator et blandus, id consilium dabat quod deliberanti gratius fore suspicabatur.

(3) In diesem Hin- und Hergelaufe all derer, die zum Meeresufer eilten, habe ich ein großes Vergnügen an meiner Trägheit empfunden, weil ich, obgleich ich Briefe meiner Angehörigen in Empfang nehmen wollte, mich nicht beeilte, um zu erfahren, wie der Stand meiner Geschäfte dort sei, was sie einbringen würden: längst schon geht mir weder irgendetwas verloren noch werde ich [irgendetwas] hinzugewinnen. Das hätte mir, auch wenn ich kein alter Mann wäre, bewusst werden müssen, nun aber um vieles mehr: wie wenig auch immer ich besäße, trotzdem würde mir bereits mehr an Wegzehrung verbleiben als an Weg, zumal da wir einen solchen Weg beschritten haben, den zu Ende zu bringen nicht notwendig ist.

(4) Eine Reise wird unvollendet sein, wenn man im mittleren Teil oder vor dem angestrebten Ort steckenbleibt: ein Leben ist nicht unvollendet, wenn es sittlich gut ist; wo auch immer du es verlassen wirst, wenn du es gehörig verlässt, ist es ein Ganzes. Oft jedoch muss es sogar im gesunden Zustand und aus den unwichtigsten Gründen verlassen werden; es sind nämlich gar nicht die wichtigsten, die uns festhalten.

(5) Tullius Marcellinus, den du bestens kennengelernt hattest, ein ruhiger junger Mann und trotzdem schnell gealtert, hat angefangen den Tod in Erwägung zu ziehen, nachdem er von einer zwar nicht unheilbaren, aber langwierigen, [und] beschwerlichen und ihm vieles auferlegenden Krankheit befallen wurde. Er rief einige Freunde zusammen. Ein jeder empfahl ihm entweder dasjenige, was er sich selbst geraten hätte (weil er ängstlich war) oder gab ihm den Rat, von dem er vermutete, dass er hinsichtlich seiner Entscheidung willkommener sein wird (weil er ein Speichellecker und Schmeichler war).

(6) Amicus noster Stoicus, homo egregius et, ut verbis illum quibus laudari dignus est laudem, vir fortis ac strenuus, videtur mihi optime illum cohortatus. Sic enim coepit: 'Noli, mi Marcelline, torqueri tamquam de re magna deliberes. Non est res magna vivere: omnes servi tui vivunt, omnia animalia: magnum est honeste mori, prudenter, fortiter. Cogita quamdiu iam idem facias: cibus, somnus, libido – per hunc circulum curritur; mori velle non tantum prudens aut fortis aut miser, etiam fastidiosus potest.'

(7) Non opus erat suasore illi sed adiutore: servi parere nolebant. Primum detraxit illis metum et indicavit tunc familiam periculum adire cum incertum esset an mors domini voluntaria fuisset; alioqui tam mali exempli esse occidere dominum quam prohibere.

(8) Deinde ipsum Marcellinum admonuit non esse inhumanum, quemadmodum cena peracta reliquiae circumstantibus dividantur, sic peracta vita aliquid porrigi iis qui totius vitae ministri fuissent. Erat Marcellinus facilis animi et liberalis etiam cum de suo fieret; minutas itaque summulas distribuit flentibus servis et illos ultro consolatus est.

(6) Unser Freund, ein Stoiker, ein außergewöhnlicher Mensch und, um ihn mit den Worten zu loben, mit denen gelobt zu werden er würdig ist, ein tapferer und entschlossener Mann, hat ihm, wie mir scheint, am besten Mut zugeredet. Folgendermaßen hat er angefangen: „Quäle dich nicht, mein Marcellinus, als ob du über eine große Sache zu Rate gehst. Zu leben, ist keine große Sache: alle deine Sklaven leben, alle Tiere: eine große Sache ist es, sittlich gut zu sterben, einsichtig, unerschrocken. Bedenke, wie lange du schon dieselben Dinge tust: Speise, Schlaf, Wollust – auf dieser Kreisbahn wird dahingeeilt; willens sein zu sterben, kann nicht nur der Einsichtige oder Unerschrockene oder Unglückliche, sondern auch der Überdrüssige."

(7) Er benötigte keinen Ratgeber, sondern einen Helfer: die Sklaven wollten nicht gehorchen. Zuerst hat er [der Stoiker] ihnen die Furcht genommen und vorgebracht, dass die Hausgemeinschaft [nur] dann ein Risiko auf sich nimmt, wenn es unklar sei, ob der Tod des Herrn auf freiem Willen beruhe; andernfalls sei es eine ebenso schlechte Handlungsweise den Herrn zu töten wie ihn [am Sterben] zu hindern.

(8) Daraufhin hat er auch Marcellinus belehrt, dass es nicht unkultiviert ist, gleichwie man die Reste von einem beendeten Gastmahl an die Herumstehenden verteilt, so auch nach einem beendeten Leben denen zu geben, die das ganze Leben zu Dienste waren. Marcellinus besaß einen umgänglichen und freigebigen Charakter, auch wenn es um das Seine ging; er hat daher kleine Geldbeträge an die weinenden Sklaven verteilt und sie obendrein noch getröstet.

(9) Non fuit illi opus ferro, non sanguine: triduo abstinuit et in ipso cubiculo poni tabernaculum iussit. Solium deinde inlatum est, in quo diu iacuit et calda subinde suffusa paulatim defecit, ut aiebat, non sine quadam voluptate, quam adferre solet lenis dissolutio non inexperta nobis, quos aliquando liquit animus.

(10) In fabellam excessi non ingratam tibi; exitum enim amici tui cognosces non difficilem nec miserum. Quamvis enim mortem sibi consciverit, tamen mollissime excessit et vita elapsus est. Sed ne inutilis quidem haec fabella fuerit; saepe enim talia exempla necessitas exigit. Saepe debemus mori nec volumus, morimur nec volumus.

(11) Nemo tam inperitus est ut nesciat quandoque moriendum; tamen cum prope accessit, tergiversatur, tremit, plorat. Nonne tibi videtur stultissimus omnium qui flevit quod ante annos mille non vixerat? Aeque stultus est qui flet quod post annos mille non vivet. Haec paria sunt: non eris nec fuisti; utrumque tempus alienum est.

(9) Er benötigte kein Schwert, kein Blutvergießen: über einen Zeitraum von drei Tagen hat er gefastet und direkt im Schlafraum ein Zelt aufstellen lassen. Dann wurde eine Badewanne hineingetragen, in der er eine lange Zeit lag und, während von Zeit zu Zeit warmes Wasser nachgegossen wurde, verließen ihn allmählich die Kräfte, wie er sagte, nicht ohne eine gewisse Wonne, die eine fließende Auflösung – für uns, denen zuweilen das Bewusstsein schwindet, schon vertraut – gewöhnlich mit sich bringt.

(10) Mit der kleinen, für dich nicht unliebsamen Erzählung, bin ich abgeschweift; du wirst jedenfalls zur Erkenntnis gelangen, dass der Tod deines Freundes nicht schwer und auch nicht unglücklich war. Denn obwohl er den Tod freiwillig gewählt hat, ist er gleichwohl äußerst sanft geschieden und aus dem Leben herausgeglitten. Aber diese kleine Erzählung dürfte gewiss nicht nutzlos sein; oft nämlich verlangt der Drang der Umstände solche Beispiele. Oft sind wir bestimmt zu sterben, und wir wollen es nicht, wir sterben, und wir wollen es nicht.

(11) Niemand ist so ahnungslos, dass er nicht wüßte, dass man irgendwann einmal sterben muss; trotzdem, wenn sich [der Zeitpunkt] genähert hat, sucht man Ausflüchte, erzittert, jammert. Erscheint dir etwa nicht der am dümmsten von allen, der unter Tränen klagt, dass er nicht vor tausend Jahren lebte? Ebenso töricht ist derjenige, der unter Tränen klagt, dass er nicht nach tausend Jahren leben wird. Dieses kommt sich gleich: du wirst nicht sein und du bist nicht gewesen; jede der beiden Zeiten ist das Gut anderer.

(12) In hoc punctum coniectus es, quod ut extendas, quousque extendes? Quid fles? Quid optas? Perdis operam.

Desine fata deum flecti sperare precando.

Rata et fixa sunt et magna atque aeterna necessitate ducuntur: eo ibis quo omnia eunt. Quid tibi novi est? Ad hanc legem natus es; hoc patri tuo accidit, hoc matri, hoc maioribus, hoc omnibus ante te, hoc omnibus post te. Series invicta et nulla mutabilis ope inligavit ac trahit cuncta.

(13) Quantus te populus moriturorum sequetur, quantus comitabitur! Fortior, ut opinor, esses, si multa milia tibi commorerentur; atqui multa milia et hominum et animalium hoc ipso momento quo tu mori dubitas animam variis generibus emittunt. Tu autem non putabas te aliquando ad id perventurum ad quod semper ibas? Nullum sine exitu iter est.

(14) Exempla nunc magnorum virorum me tibi iudicas relaturum? Puerorum referam. Lacon ille memoriae traditur, inpubis adhuc, qui captus clamabat: 'Non serviam' sua illa Dorica lingua, et verbis fidem inposuit: ut primum iussus est fungi servili et contumelioso ministerio (adferre enim vas obscenum iubebatur), inlisum parieti caput rupit.

(12) In diesen kurzen Zeitabschnitt wurdest du hineinbegeben, den du, selbst wenn du ihn ausdehnst, bis wann verlängern willst? Was klagst du? Was wünschst du? Was vergeudest du deine Zeit?

Lasse ab zu hoffen, dass die schicksalhaften Bestimmungen der Götter durch dein Flehen abgewendet werden.

Sie sind sowohl feststehend als auch unabänderlich und werden durch eine mächtige und ewige Notwendigkeit angetrieben: du wirst dorthin gehen, wohin alle gehen. Was ist daran neu für dich? Aus dieser Ordnung bist du entsprungen; dieses geschieht deinem Vater, dieses der Mutter, dieses den Vorfahren, dieses allen vor dir, dieses allen nach dir. Eine unerschütterliche und durch keine Macht veränderbare Ordnung hat alles an sich gebunden und zieht es fort.

(13) Welch eine große Menge derer, die sterben werden, dir folgen wird, welch eine große Menge dich begleiten wird! Unerschrockener wärest du, wie ich vermute, wenn viele Tausende mit dir zusammen sterben würden; und doch hauchen gerade in diesem Moment, in dem du zu sterben zögerst, viele Tausende, sowohl Menschen als auch Tiere, auf mannigfaltige Weisen ihre Seelen aus. Du jedoch hast nicht geglaubt, dass du irgendwann einmal an den Punkt gelangen wirst, dem du immer entgegen geschritten bist? Keine Reise ist ohne einen Abschluss.

(14) Glaubst du, dass ich dir nun Beispiele großer Männer vortragen werde? Die von Knaben werde ich anführen. Es wird die Geschichte jenes Spartaners überliefert, der, noch nicht erwachsen, nach seiner Gefangennahme in jenem bekannten dorischen Dialekt ausrief: „Ich werde kein Sklave sein", und er legte seinen Worten ein Gelöbnis auf: als ihm aufgetragen wurde, eine sklavische und schmachvolle Tätigkeit zu verrichten (er sollte nämlich das Nachtgeschirr bringen), hat er seinen Kopf gegen die Wand geschlagen und ihn dadurch geborsten.

(15) Tam prope libertas est: et servit aliquis? Ita non sic perire filium tuum malles quam per inertiam senem fieri? Quid ergo est cur perturberis, si mori fortiter etiam puerile est? Puta nolle te sequi: duceris. Fac tui iuris quod alieni est. Non sumes pueri spiritum, ut dicas: 'Non servio'? Infelix, servis hominibus, servis rebus, servis vitae; nam vita, si moriendi virtus abest, servitus est.

(16) Ecquid habes propter quod expectes? Voluptates ipsas quae te morantur ac retinent consumpsisti: nulla tibi nova est, nulla non iam odiosa ipsa satietate. Quis sit vini, quis mulsi sapor scis: nihil interest centum per vesicam tuam an mille amphorae transeant: saccus es. Quid sapiat ostreum, quid mullus optime nosti: nihil tibi luxuria tua in futuros annos intactum reservavit. Atqui haec sunt a quibus invitus divelleris.

(17) Quid est aliud quod tibi eripi doleas? Amicos? Scis enim amicus esse? Patriam? Tanti enim illam putas ut tardius cenes? Solem? Quem, si posses, extingueres: quid enim umquam fecisti luce dignum? Confitere non curiae te, non fori, non ipsius rerum naturae desiderio tardiorem ad moriendum fieri: invitus relinquis macellum, in quo nihil reliquisti.

(15) So nahe ist die Freiheit: und doch ist mancher ein Sklave? Also würdest du nicht lieber wollen, dass dein Sohn auf solche Weise ums Leben kommt, als dass er aufgrund von Feigheit alt wird? Welchen Grund gibt es also, dass du außer Fassung gerätst, wenn sogar ein Kind fähig ist, tapfer zu sterben? Stell dir vor, du willst nicht folgen: [dann] wirst du abgeführt. Begehe aus eigener Macht, was unter fremder steht. Willst du dir nicht den Mut des Knaben aneignen, um zu sagen: „Ich bin kein Sklave"? Unglücklicher, du bist ein Sklave der Menschen, ein Sklave der Umstände, ein Sklave deines Leben; das Leben ist nämlich ein Sklavendienst, wenn zum Sterben die Entschlossenheit fehlt.

(16) Besitzt du irgendetwas, weswegen du warten solltest? Selbst die Leidenschaften, die dich aufhalten und in Schranken halten, hast du aufgebraucht: keine ist dir neu, jede bereits verhasst allein durch Übersättigung. Du kennst den Geschmack, der typisch für Wein, der typisch für Honigwein ist: Es macht nicht den geringsten Unterschied, ob hundert oder tausend Amphoren durch deine Blase gehen: du bist ein Filter. Du weißt am besten, wie eine Auster, wie eine Meerbarbe schmeckt: nichts hat dir deine Verschwendungssucht für künftige Jahre aufgespart. Das sind nun aber die Dinge, von denen du ungern losgerissen wirst.

(17) Was für einen anderen Grund gibt es, dass du dich beklagst, befreit zu werden? Die Freunde? Hast du denn gelernt, ein Freund zu sein? Das Vaterland? Hältst du es denn für so viel wert, dass du [seinetwegen] später zu Mittag speisen würdest? Das Licht der Öffentlichkeit? Das würdest du auslöschen, wenn du es könntest: was hast du denn jemals getan, das zu Glanz und Ruhm berechtigt? Gestehe, dass du nicht vom Verlangen nach der Kurie getrieben wirst, säumiger zu sterben, nicht nach dem Forum, auch nicht nach der Natur der Dinge: du lässt ungern den Fleischmarkt zurück, auf dem du nichts unbeachtet gelassen hast.

(18) Mortem times: at quomodo illam media boletatione contemnis! Vivere vis: scis enim? Mori times: quid porro? Ista vita non mors est? Gaius Caesar, cum illum transeuntem per Latinam viam unus ex custodiarum agmine demissa usque in pectus vetere barba rogaret mortem: 'Nunc enim', inquit, 'vivis?' Hoc istis respondendum est quibus succursura mors est: 'Mori times: nunc enim vivis?'

(19) 'Sed ego', inquit, 'vivere volo, qui multa honeste facio; invitus relinquo officia vitae, quibus fideliter et industrie fungor.' Quid? Tu nescis unum esse ex vitae officiis et mori? Nullum officium relinquis; non enim certus numerus quem debeas explere finitur.

(20) Nulla vita est non brevis; nam si ad naturam rerum respexeris, etiam Nestoris et Sattiae brevis est, quae inscribi monumento suo iussit annis se nonaginta novem vixisse. Vides aliquem gloriari senectute longa: quis illam ferre potuisset si contigisset centesimum implere? Quomodo fabula, sic vita: non quam diu, sed quam bene acta sit, refert. Nihil ad rem pertinet quo loco desinas. Quocumque voles desine: tantum bonam clausulam inpone. Vale.

---

(18) Du fürchtest den Tod: doch wie trotzt du ihm bei einem mittelmäßigen Pilzgericht? Du willst leben: kannst du es denn? Du fürchtest zu sterben? Warum nun aber? Ist ein solches Leben nicht der Tod? Als Gaius Caesar auf der Via Latina gereist ist und ihn aus einem Gefangenenzug heraus einer mit ergrautem, lang bis zur Brust herabhängendem Bart um den Tod gebeten hat, antwortete er: „Lebst du denn jetzt?“ Das muss solchen erwidert werden, für die der Tod eine Erleichterung sein wird: „Du fürchtest zu sterben: lebst du denn jetzt?“

(19) „Aber ich will leben“, wendest du ein, „weil ich unablässig sittlich gut handle; ungern trenne ich mich von den Pflichten des Lebens, die ich zuverlässig und beharrlich verrichte.“ Wie bitte? Du weißt nicht, dass sogar das Sterben eine der Pflichten des Lebens ist? Du lässt keine Verpflichtung zurück; denn es wird keine bestimmte Anzahl festgelegt, die du erfüllen müsstest.

(20) Jedes Leben ist kurz; denn wen du die [gesamte] Schöpfung berücksichtigst, ist auch das von Nestor und von Sattia kurz, die verlangt hat, dass auf ihrem Grabmal eingraviert wird, sie habe neunundneunzig Jahre gelebt. Du siehst, dass sich eine wegen ihres hohen Alters rühmt: wer hätte sie ertragen können, wenn es ihr geglückt wäre, das hundertste [Jahr] zu vollenden? Wie ein Gespräch, so das Leben: es kommt nicht darauf an, wie lange, sondern wie gut es geführt worden ist. An welcher Stelle du aufhörst, tut nichts zur Sache. Hör auf, wo immer du willst: ziehe du nur einen ehrenhaften Schlussstrich: Lebe wohl.

Liber IX – Epistula LXXVIII

Seneca Lucilio suo Salutem,

(1) Vexari te destillationibus crebris ac febriculis, quae longas destillationes et in consuetudinem adductas sequuntur, eo molestius mihi est quia expertus sum hoc genus valetudinis, quod inter initia contempsi – poterat adhuc adulescentia iniurias ferre et se adversus morbos contumaciter gerere – deinde succubui et eo perductus sum ut ipse destillarem, ad summam maciem deductus.

(2) Saepe impetum cepi abrumpendae vitae: patris me indulgentissimi senectus retinuit. Cogitavi enim non quam fortiter ego mori possem, sed quam ille fortiter desiderare non posset. Itaque imperavi mihi ut viverem; aliquando enim et vivere fortiter facere est.

(3) Quae mihi tunc fuerint solacio dicam, si prius hoc dixero, haec ipsa quibus adquiescebam medicinae vim habuisse; in remedium cedunt honesta solacia, et quidquid animum erexit etiam corpori prodest. Studia mihi nostra saluti fuerunt; philosophiae acceptum fero quod surrexi, quod convalui; illi vitam debeo et nihil illi minus debeo.

Buch 9 – Brief 78

Seneca grüßt seinen Lucilius,

(1) Dass du von häufigen Katarrhen und Fieberanfällen gequält wirst, die auf einen lang andauernden und zur Gewohnheit gewordenen Schnupfen folgen, ist umso belastender für mich, weil ich diese Art von Krankheit, die ich anfangs unterschätzte, durchgemacht habe – bis dahin war die Jugend imstande, die Härten zu ertragen und sich hartnäckiger gegenüber Krankheiten zu zeigen –, dann unterlag ich und bin von ihr dazu gebracht worden, dass ich leibhaftig triefte, bis ich auf das Äußerste abgemagert war.

(2) Oft hat mich das heftige Verlangen ergriffen, mein Leben vorzeitig zu beenden: aber das hohe Alter des gütigen Vaters hat mich zurückgehalten. Denn ich war nicht darauf bedacht, wie tapfer ich sterben könnte, sondern wie stark er es nicht wünschen könnte. Daher befahl ich mir zu leben; bisweilen besteht nämlich mutiges Handeln auch darin, am Leben zu bleiben.

(3) Was mir damals Trost gespendet hat, will ich erklären, sofern ich zuerst Folgendes vorgebracht habe: dass gerade die Dinge, die mich zur Ruhe kommen ließen, die Kraft einer Medizin besaßen; sittlich guter Trost verwandelt sich in ein Heilmittel, und alles, was die Seele aufrichtet, nützt auch dem Körper. Unsere Studien dienten mir zur Gesundung; die geistige Aufnahme der Philosophie sehe ich als Grund an, warum ich [wieder] zugenommen habe, warum ich gesund geworden bin; ich verdanke ihr das Leben und nichts weniger schulde ich ihr.

(4) Multum autem mihi contulerunt ad bonam valetudinem <et> amici, quorum adhortationibus, vigiliis, sermonibus adlevabar. Nihil aeque, Lucili, virorum optime, aegrum reficit atque adiuvat quam amicorum adfectus, nihil aeque expectationem mortis ac metum subripit: non iudicabam me, cum illos superstites relinquerem, mori. Putabam, inquam, me victurum non cum illis, sed per illos; non effundere mihi spiritum videbar, sed tradere. Haec mihi dederunt voluntatem adiuvandi me et patiendi omne tormentum; alioqui miserrimum est, cum animum moriendi proieceris, non habere vivendi.

(5) Ad haec ergo remedia te confer. Medicus tibi quantum ambules, quantum exercearis monstrabit; ne indulgeas otio, ad quod vergit iners valetudo; ut legas clarius et spiritum, cuius iter ac receptaculum laborat, exerceas; ut naviges et viscera molli iactatione concutias; quibus cibis utaris, vinum quando virium causa advoces, quando intermittas ne inritet et exasperet tussim. Ego tibi illud praecipio quod non tantum huius morbi sed totius vitae remedium est: contemne mortem. Nihil triste est cum huius metum effugimus.

(4) Zu meinem guten Gesundheitszustand haben aber auch die Freunde viel beigetragen, durch deren Aufmunterungen, nächtlichen Wachen, [und] Unterhaltungen ich aufgerichtet wurde. Nichts, mein allerbester Lucilius, erfrischt und ermutigt einen Kranken in gleicher Weise wie die Zuneigung der Freunde, nichts nimmt in gleicher Weise Todeserwartung und Todesfurcht unbemerkt [von ihm] fort: ich glaubte, dass ich nicht sterbe, wenn ich jene am Leben zurücklasse. Ich dachte, sage ich dir, dass ich nicht mit ihnen, sondern durch sie am Leben bleiben werde; es schien mir, dass ich meinen Geist nicht ausgehaucht, sondern übergeben habe. Dies gab mir den Willen, mich aufzurichten und jede Qual zu ertragen; ohnehin ist es äußerst armselig, nachdem man die Absicht zum Sterben aufgegeben hat, an der zum Leben nicht festzuhalten.

(5) Diesen Heilmitteln wende dich also zu. Ein Arzt wird dir verordnen, wie lange du spazieren gehen sollst, wie lange du Gymnastik treiben sollst; dass du dich nicht dem Müßiggang hingibst, wozu eine schwache Gesundheit neigt; dass du lauter vorliest und dabei die Atmung trainierst, deren Weg und Behältnis geplagt werden; dass du zur See fährst und dein Inneres durch das sanfte Schwanken zur Tätigkeit treibst; an welchen Speisen du dich erfreuen, wann du Wein um der Stärkung willen anwenden, wann du es unterlassen sollst, um den Husten nicht zu reizen und zu verschlimmern. Folgendes lege ich dir ans Herz, weil es ein Heilmittel nicht nur für diese Krankheit, sondern für das ganze Leben ist: verachte den Tod. Nichts Betrübliches gibt es, wenn wir der Angst vor ihm entflohen sind.

(6) Tria haec in omni morbo gravia sunt: metus mortis, dolor corporis, intermissio voluptatum. De morte satis dictum est: hoc unum dicam, non morbi hunc esse sed naturae metum. Multorum mortem distulit morbus et saluti illis fuit videri perire. Morieris, non quia aegrotas, sed quia vivis. Ista te res et sanatum manet; cum convalueris, non mortem sed valetudinem effugeris.

(7) Ad illud nunc proprium incommodum revertamur: magnos cruciatus habet morbus, sed hos tolerabiles intervalla faciunt. Nam summi doloris intentio invenit finem; nemo potest valde dolere et diu; sic nos amantissima nostri natura disposuit ut dolorem aut tolerabilem aut brevem faceret.

(8) Maximi dolores consistunt in macerrimis corporis partibus: nervi articulique et quidquid aliud exile est acerrime saevit cum in arto vitia concepit. Sed cito hae partes obstupescunt et ipso dolore sensum doloris amittunt, sive quia spiritus naturali prohibitus cursu et mutatus in peius vim suam qua viget admonetque nos perdit, sive quia corruptus umor, cum desiit habere quo confluat, ipse se elidit et iis quae nimis implevit excutit sensum.

(6) Diese drei Dinge sind bei jeder Krankheit schwer [zu ertragen]: die Angst vor dem Tod, der körperliche Schmerz, das zeitweilige Nachlassen der Leidenschaften. Über den Tod ist genug gesprochen worden: dieses eine will ich [aber noch] sagen: dass keine Angst vor der Krankheit, sondern vor der Natur besteht. Den Tod vieler [Menschen] hat eine Krankheit aufgeschoben, und dass sie scheinbar das Leben verloren haben, brachte ihnen die Rettung. Du wirst sterben, nicht weil du krank bist, sondern weil du lebst. Diese Tatsache steht dir auch nach der Gesundung bevor; wenn du genesen bist, wirst du nicht dem Tod, sondern der Krankheit entkommen sein.

(7) Lass uns nun zu jenem eigentlichen Ungemach zurückkehren: eine Krankheit verursacht große Qualen, doch zeitliche Abstände machen sie erträglich. Denn eine Steigerung des äußersten Schmerzes stößt an eine Grenze; niemand kann heftig und eine lange Zeit hindurch Schmerz empfinden; die uns liebende Natur hat es derart für uns bestimmt, dass sie entweder einen erträglichen oder einen kurzen Schmerz hervorbringt.

(8) Die größten Schmerzen treten in den sehr mageren Gliedern des Körpers auf: Sehnen und kleine Gelenke und alles, was dürftig ist, wüten am schmerzlichsten, sooft sie die Krankheitsursachen auf engem Raum in sich aufgenommen haben. Doch werden diese Glieder schnell starr und verlieren das Schmerzempfinden gerade aufgrund des Schmerzes, entweder, weil der Atem, vom natürlichen Lauf abgehalten und allzu ungünstig gewandelt, seine Energie einbüßt, durch die er frisch ist und uns antreibt, oder weil sich verdorbene Flüssigkeit, wenn sie nicht mehr in der Lage ist, sich irgendwohin zu begeben, selbst erdrückt und aus den [Gliedern], die sie allzu stark angefüllt hat, das Gefühl vertreibt.

(9) Sic podagra et cheragra et omnis vertebrarum dolor nervorumque interquiescit cum illa quae torquebat hebetavit; omnium istorum prima verminatio vexat, impetus mora extinguitur et finis dolendi est optorpuisse. Dentium, oculorum, aurium dolor ob hoc ipsum acutissimus est quod inter angusta corporis nascitur, non minus, mehercule, quam capitis ipsius; sed si incitatior est, in alienationem soporemque convertitur.

(10) Hoc itaque solacium vasti doloris est, quod necesse est desinas illum sentire si nimis senseris. Illud autem est quod inperitos in vexatione corporis male habet: non adsueverunt animo esse contenti; multum illis cum corpore fuit. Ideo vir magnus ac prudens animum diducit a corpore et multum cum meliore ac divina parte versatur, cum hac querula et fragili quantum necesse est.

(11) 'Sed molestum est', inquit, 'carere adsuetis voluptatibus, abstinere cibo, sitire, esurire.' Haec prima abstinentia gravia sunt, deinde cupiditas relanguescit ipsis per [se] quae cupimus fatigatis ac deficientibus; inde morosus est stomachus, inde quibus fuit aviditas cibi odium est. Desideria ipsa moriuntur; non est autem acerbum carere eo quod cupere desieris.

(9) Infolgedessen legt sowohl die Gicht an Füßen und Händen als auch jeder Schmerz an Gelenken und Sehnen eine Pause ein, wenn er das, was er quälte, abgestumpft hat; bei alledem beunruhigt anfangs ein kribbelnder Schmerz, [aber] nach einer Zeit erschöpft sich der Angriff und das Ende des Leidens besteht darin, gefühllos geworden zu sein. Der Schmerz der Zähne, der Augen [und] der Ohren ist gerade deswegen äußerst durchdringend, weil er inmitten einer körperlichen Engstelle entsteht, nicht weniger, beim Herkules, als sogar bei Kopfschmerz; doch wenn er heftiger ist, geht er in Bewusstlosigkeit und Schläfrigkeit über.

(10) Dies ist daher ein Trost bei ungeheurem Schmerz: dass man notwendigerweise aufhört, ihn zu spüren, wenn man ihn allzu sehr empfindet. Folgendes jedoch ist der Grund, warum er die in Hinsicht auf körperliche Qualen Unerfahrenen in seiner Gewalt hat: sie sind es nicht gewohnt, auf die Seele beschränkt zu sein; vieles steht bei ihnen unter der Aufsicht des Körpers. Ein bedeutender und kluger Mann sondert deshalb die Seele vom Körper ab und gibt sich zum großen Teil mit der besseren und göttlichen Seite ab, mit dem gern klagenden und vergänglichen [nur] so viel es nötig ist.

(11) „Es ist aber verdrießlich“, sagt man, „sich von den gewohnten Genüssen fernzuhalten, auf Nahrung zu verzichten, Durst zu haben, Hunger zu leiden.“ Dies ist am Anfang aufgrund des Verzichts schwer zu ertragen, danach bleibt das Verlangen nach dem, was wir wünschen, ganz von selbst aus, weil es mürbe gemacht ist und schwindet; daher ist der Magen empfindlich, daher ist denen die Nahrung verhasst, die gieriges Verlangen danach hatten. Die Bedürfnisse selbst erlöschen; auf das verzichten zu müssen, was man nicht länger wünscht, ist jedoch nicht schmerzlich.

(12) Adice quod nullus non intermittitur dolor aut certe remittitur. Adice quod licet cavere venturum et obsistere inminenti remediis; nullus enim non signa praemittit, utique qui ex solito revertitur. Tolerabilis est morbi patientia, si contempseris id quod extremum minatur.

(13) Noli mala tua facere tibi ipse graviora et te querelis onerare: levis est dolor si nihil illi opinio adiecerit. Contra si exhortari te coeperis ac dicere: 'Nihil est aut certe exiguum est; duremus; iam desinet', levem illum, dum putas, facies. Omnia ex opinione suspensa sunt; non ambitio tantum ad illam respicit et luxuria et avaritia: ad opinionem dolemus. Tam miser est quisque quam credidit.

(14) Detrahendas praeteritorum dolorum conquestiones puto et illa verba: 'Nulli umquam fuit peius. Quos cruciatus, quanta mala pertuli! Nemo me surrecturum putavit. Quotiens deploratus sum a meis, quotiens a medicis relictus! In eculeum inpositi non sic distrahuntur.' Etiam si sunt vera ista, transierunt: quid iuvat praeteritos dolores retractare et miserum esse quia fueris? Quid quod nemo non multum malis suis adicit et sibi ipse mentitur? Deinde quod acerbum fuit ferre, tulisse iucundum est: naturale est mali sui fine gaudere. Circumcidenda ergo duo sunt, et futuri timor et veteris incommodi memoria: hoc ad me iam non pertinet, illud nondum.

(12) Nimm hinzu, dass der Schmerz eines jeden vorbeigehen oder doch wenigstens nachlassen wird. Nimm hinzu, dass es möglich ist, sich vor künftigem vorzusehen und einen drohenden mit Gegenmitteln zu bekämpfen; jeder [Schmerz] lässt nämlich Zeichen vorausgehen, besonders derjenige, der regelmäßig wiederkehrt. Das Erdulden einer Krankheit ist erträglich, wenn man das verachtet, was als Äußerstes droht.

(13) Mach dir deine Leiden nicht selbst schwerer und belaste dich nicht mit Wehklagen: leicht ist der Schmerz, wenn ihm die Erwartung nichts hinzusetzt. Im Gegenteil, wenn du anfängst, dich zu ermutigen und zu sagen: „Es ist nichts oder gewiss ist es unbedeutend; wir können es ertragen; es hört schon auf", wirst du ihn erträglich machen, solange du ihn dafür hältst. Alles ist abhängig von der Einstellung; nicht nur der Ehrgeiz nimmt auf sie Rücksicht – auch die Verschwendungssucht und die Habgier: wir leiden gemäß unser Einstellung. Jeder ist in dem Maße unglücklich, wie er selbst [davon] überzeugt ist.

(14) Ich denke, dass man sich der Klagen über vergangene Schmerzen enthalten muss und [folglich] auch solcher Worte: „Keinem ging es jemals schlechter. Was für Qualen, wie viele Krankheiten habe ich ertragen! Niemand hat geglaubt, dass ich wieder aufstehen werde. So oft bin ich von den Meinen beweint worden, so oft von den Ärzten aufgegeben! Die auf eine Folterbank gespannten, werden nicht in solchem Grade auseinandergerissen." Selbst wenn dieses wirklich wahr ist – es ist vergangen: was nützt es, sich die vergangenen Schmerzen wieder vorzunehmen und elend zu leben, weil man es [einst] gewesen ist. Ja, dass mancher gar seinem Leiden etwas hinzufügt und sich selbst etwas vortäuscht? Sodann ist es erfreulich, ertragen zu haben, was bitter zu ertragen war: es ist naturgegeben, sich über das Ende seines Leidens zu freuen. Zwei Dinge muss man also einschränken, sowohl die Furcht vor einer zukünftigen als auch die Erinnerung an eine einstige Beschwerlichkeit: letztere berührt mich nicht mehr, erstere noch nicht.

(15) In ipsis positus difficultatibus dicat,

forsan et haec olim meminisse iuvabit.

Toto contra ille pugnet animo; vincetur si cesserit, vincet si se contra dolorem suum intenderit: nunc hoc plerique faciunt, adtrahunt in se ruinam cui obstandum est. Istud quod premit, quod inpendet, quod urguet, si subducere te coeperis, sequetur et gravius incumbet; si contra steteris et obniti volueris, repelletur.

(16) Athletae quantum plagarum ore, quantum toto corpore excipiunt! Ferunt tamen omne tormentum gloriae cupiditate nec tantum quia pugnant ista patiuntur, sed ut pugnent: exercitatio ipsa tormentum est. Nos quoque evincamus omnia, quorum praemium non corona nec palma est nec tubicen praedicationi nominis nostri silentium faciens, sed virtus et firmitas animi et pax in ceterum parta, si semel in aliquo certamine debellata fortuna est.

(15) Gerade wenn man in Schwierigkeiten steckt, sollte man sagen:

vielleicht wird es einst erfreuen, sich sogar an diese Dinge zu erinnern.

Mit ganzem Herzen sollte man dagegen ankämpfen; wenn man zurückweicht, wird man besiegt, wenn man sich gegen seinen Schmerz wendet, wird man siegen: sehr viele machen nun dieses: sie ziehen das Verderben, dem man entgegenstehen muss, an sich. Wenn man anfängt, sich wegzustehlen, wird einen das, was niederhält, was bedroht, was in die Enge treibt, verfolgen und sich schwerer auf einen legen; wenn man diesem gegenüber fest bleibt und willens ist, Widerstand zu leisten, wird es zurückgetrieben.

(16) Wie viele Schläge ins Gesicht, wie viele am ganzen Körper nehmen die Athleten auf sich! Doch aus Ruhmsucht ertragen sie jede Qual und sie erleiden diese nicht nur, weil sie kämpfen, sondern auch um zu kämpfen: schon das Training ist eine Qual. Auch wir sollten alles überwinden, dessen Lohn weder die Krone, noch die Siegespalme, noch der Trompeter ist, der sich zur Lobpreisung unseres Namens Gehör verschafft, sondern die sittliche Vollkommenheit, [und] ein standhaftes Herz und die Ruhe, die man sich, wenn einmal das Schicksal in einer Schlacht bezwungen wurde, für die Folgezeit verschafft hat.

(17) 'Dolorem gravem sentio.' Quid ergo? Non sentis si illum muliebriter tuleris? Quemadmodum perniciosior est hostis fugientibus, sic omne fortuitum incommodum magis instat cedenti et averso. 'Sed grave est.' Quid? Nos ad hoc fortes sumus, ut levia portemus? Utrum vis longum esse morbum an concitatum et brevem? Si longus est, habet intercapedinem, dat refectioni locum, multum temporis donat, necesse est, ut exsurgat, et desinat: brevis morbus ac praeceps alterutrum faciet, aut extinguetur aut extinguet. Quid autem interest, non sit an non sim? In utroque finis dolendi est.

(18) Illud quoque proderit, ad alias cogitationes avertere animum et a dolore discedere. Cogita quid honeste, quid fortiter feceris; bonas partes tecum ipse tracta; memoriam in ea quae maxime miratus es sparge; tunc tibi fortissimus quisque et victor doloris occurrat: ille qui dum varices exsecandas praeberet legere librum perseveravit, ille qui non desiit ridere cum hoc ipsum irati tortores omnia instrumenta crudelitatis suae experirentur. Non vincetur dolor ratione, qui victus est risu?

(17) „Ich fühle einen schweren Schmerz." Was nun also? Spürst du ihn nicht, wen du ihn weibisch zur Schau trägst? So wie ein Feind für diejenigen gefährlicher ist, die fliehen, so bedrängt jedes zufällige Unheil denjenigen stärker, der zurückweicht und sich abwendet. „Aber es ist schwer." Wie bitte? Sind wir [etwa] stark, um Leichtes zu tragen? Was von beiden wünschst du, dass eine Krankheit lang andauernd ist oder heftig und kurz? Wenn sie lang andauernd ist, erfordert sie notwendig eine Unterbrechung, bietet Raum für Erholung, schenkt viel Zeit, muss, um sich wieder zu erheben, auch ablassen können: eine kurze und gefährliche Krankheit wird eins von beiden bewirken: entweder sie wird ausgelöscht, oder sie löscht aus. Welchen Unterschied aber macht es, ob sie nicht oder ich nicht existiere? Ein Ende des Schmerzes bedeutet es in beiden Fällen.

(18) Es wird auch nützlich sein, den Geist auf andere Gedanken zu lenken und sich vom Schmerz zu trennen. Erwäge, was du vortrefflich, was du voll Mut geleistet hast; überdenke allein für dich deine guten Seiten; pflege die Erinnerung an die Dinge, die du am meisten bewundert hast; es treten dir dann wahrscheinlich gerade der Tapferste und der Sieger über den Schmerz vor Augen: jener, der fortfuhr ein Buch zu lesen, während er sich die Krampfadern herausschneiden ließ, jener, der nicht aufgehört hat zu lächeln, als die gerade dadurch erzürnten Folterknechte alle Hilfsmittel ihrer Grausamkeit erprobten. Wird ein Schmerz, der durch ein Lächeln besiegt worden ist, nicht von der Vernunft bezwungen werden?

(19) Quidquid vis nunc licet dicas, destillationes et vim continuae tussis egerentem viscerum partes et febrem praecordia ipsa torrentem et sitim et artus in diversum articulis exeuntibus tortos: plus est flamma et eculeus et lamina et vulneribus ipsis intumescentibus quod illa renovaret et altius urgueret inpressum. Inter haec tamen aliquis non gemuit. Parum est: non rogavit. Parum est: non respondit. Parum est: risit et quidem ex animo. Vis tu post hoc dolorem deridere?

(20) 'Sed nihil', inquit, 'agere sinit morbus, qui me omnibus abduxit officiis.' Corpus tuum valetudo tenet, non et animum. Itaque cursoris moratur pedes, sutoris aut fabri manus inpedit: si animus tibi esse in usu solet, suadebis docebis, audies disces, quaeres recordaberis. Quid porro? Nihil agere te credis si temperans aeger sis? Ostendes morbum posse superari vel certe sustineri. Est, mihi crede, virtuti etiam in lectulo locus.

(21) Non tantum arma et acies dant argumenta alacris animi indomitique terroribus: et in vestimentis vir fortis apparet. Habes quod agas: bene luctare cum morbo. Si nihil te coegerit, si nihil exoraverit, insigne prodis exemplum. O quam magna erat gloriae materia, si spectaremur aegri! Ipse te specta, ipse te lauda.

(19) Du magst nun nennen, was immer du willst: Katarrhe, [und] die Gewalt des beständigen Hustens, der Teile der Eingeweide ausspeien lässt, [und] ein Fieber, das selbst das Innere röstet, [und] Durst und die wegen der hervorkommenden Gelenkknoten in verschiedene Richtungen verdrehten Gliedmaßen: mehr noch Feuer, [und] die Folterbank, [und] eine glühende Eisenplatte und das, was unmittelbar in die angeschwollenen Wunden hineingedrückt wird, damit sie wieder aufbricht und es tiefer eindringt. Trotzdem hat manch einer währenddessen nicht aufgestöhnt. Das ist zu wenig: er hat nicht um etwas gebeten. Das ist zu wenig: er hat nicht geantwortet. Das ist zu wenig: er hat gelacht und zwar von Herzen. Willst du hieraufhin den Schmerz nicht [auch] verlachen?

(20) „Aber die Krankheit, die mich von allen Geschäften abgebracht hat, lässt mich nichts tun“, wird einer sagen. Die Krankheit herrscht über deinen Körper, nicht auch über den Geist. Sie hemmt daher die Schritte des Läufers, behindert die Hand des Schusters oder des Schmieds: wenn du gewohnt bist, deinen Geist zu gebrauchen, wirst du Rat geben und lehren, wirst du hören und lernen, wirst du zu ergründen suchen und Zukünftiges bedenken. Was nun aber? Meinst du, dass du auf nichts hinarbeitest, falls du trotz Maßhaltens krank sein solltest? Du wirst zeigen, dass eine Krankheit überwunden oder wenigstens ausgehalten werden kann. Glaub mir, die sittliche Vollkommenheit hat auch auf einem kleinen Ruhebett Platz.

(21) Nicht nur Kriege und Schlachten liefern Beweise für einen entschlossenen und durch Ängste unbezwingbaren Geist: auch in einer Decke [gehüllt] bewährt sich der tapfere Mann. Du trägst in dir, was du anregen kannst: tapfer mit der Krankheit zu kämpfen. Wenn nichts dich bezwingt, wenn nichts dich erreicht, gibst du ein außerordentliches Vorbild ab. Oh, wie groß wäre die Quelle des Ruhms, wenn man uns an Krankheit leidend beigewohnt hätte! Schau dich selbst bewundernd an, rühme dich selbst.

(22) Praeterea duo genera sunt voluptatum. Corporales morbus inhibet, non tamen tollit; immo, si verum aestimes, incitat. Magis iuvat bibere sitientem, gratior est esurienti cibus; quidquid ex abstinentia contingit avidius excipitur. Illas vero animi voluptates, quae maiores certioresque sunt, nemo medicus aegro negat. Has quisquis sequitur et bene intellegit omnia sensuum blandimenta contemnit.

(23) 'O infelicem aegrum!' Quare? Quia non vino nivem diluit? Quia non rigorem potionis suae, quam capaci scypho miscuit, renovat fracta insuper glacie? Quia non ostrea illi Lucrina in ipsa mensa aperiuntur? Quia non circa cenationem eius tumultus cocorum est ipsos cum opsoniis focos transferentium? Hoc enim iam luxuria commenta est: ne quis intepescat cibus, ne quid palato iam calloso parum ferveat, cenam culina prosequitur.

(24) 'O infelicem aegrum!' Edet quantum concoquat; non iacebit in conspectu aper ut vilis caro a mensa relegatus, nec in repositorio eius pectora avium (totas enim videre fastidium est) congesta ponentur. Quid tibi mali factum est? Cenabis tamquam aeger, immo aliquando tamquam sanus.

(22) Außerdem gibt es zwei Arten von Freuden. Die körperlichen hemmt die Krankheit, beseitigt sie gleichwohl nicht; ja, sie regt sie sogar an, wenn man es richtig beurteilt. Wohltuender ist das Trinken für den Dürstenden, willkommener [ist] die Speise für den Hungernden. Alles, was nach einem Verzicht zuteil wird, nimmt man begieriger auf. Jene Freuden des Geistes aber, die bedeutender und zuverlässiger sind, schlägt kein Arzt einem Kranken ab. Jeder, der nach ihnen trachtet und zur rechten Einsicht gelangt, trotzt allen Verlockungen der Sinne.

(23) „Ach, der vom Unglück getroffene Kranke!" Warum? Weil er den Schnee nicht im Wein auflösen lässt? Weil er die Kühle seines Tranks, den er in einem viel fassenden Becher gemischt hat, nicht wiederherstellt, indem er von oben Eis hinein zerbricht? Weil die berühmten Austern des Lucriner Sees nicht direkt für ihn am Tisch geöffnet werden? Weil rings um sein Esszimmer herum keine Unruhe durch die Köche herrscht, die die Herde gleich zusammen mit den Leckerbissen herübertragen? Folgendes hat die Genusssucht nämlich bereits ersonnen: damit eine Speise nicht lau wird, damit nicht etwas dem schon schwieligen Gaumen nicht heiß genug ist, gibt die Küche dem Essen das Geleit.

(24) „Ach, der vom Unglück getroffene Kranke!" Er wird essen, so viel er verdauen kann. Kein Eber wird ihm vor Augen liegen, gleichwie billiges Fleisch vom Tisch verbannt, und auch Vogelbrüstchen (es liegt nämlich eine Abneigung vor, ganze [Vögel] anzusehen) werden nicht in Masse auf seinem Tafelaufsatz serviert. Was ist Schlechtes dir geschehen? Du wirst wie ein Kranker, nein, vielmehr endlich wie ein Gesunder essen.

(25) Sed omnia ista facile perferemus, sorbitionem, aquam calidam, et quidquid aliud intolerabile videtur delicatis et luxu fluentibus magisque animo quam corpore morbidis: tantum mortem desinamus horrere. Desinemus autem, si fines bonorum ac malorum cognoverimus; ita demum nec vita taedio erit nec mors timori.

(26) Vitam enim occupare satietas sui non potest tot res varias, magnas, divinas percensentem: in odium illam sui adducere solet iners otium. Rerum naturam peragranti numquam in fastidium veritas veniet: falsa satiabunt.

(27) Rursus si mors accedit et vocat, licet inmatura sit, licet mediam praecidat aetatem, perceptus longissimae fructus est. Cognita est illi ex magna parte natura; scit tempore honesta non crescere: iis necesse est videri omnem vitam brevem qui illam voluptatibus vanis et ideo infinitis metiuntur.

(28) His te cogitationibus recrea et interim epistulis nostris vaca. Veniet aliquando tempus quod nos iterum iungat ac misceat; quantulumlibet sit illud, longum faciet scientia utendi. Nam, ut Posidonius ait, 'unus dies hominum eruditorum plus patet quam inperitis longissima aetas.'

(25) Wir werden all dieses jedoch leicht ertragen, die Suppe, das warme Wasser, und alles andere, was den Genießern und denen, die in der Üppigkeit erschlaffen und die eher geistig als körperlich krank sind, unerträglich erscheint: nur sollten wir uns nicht mehr vor dem Tode scheuen. Wir werden jedoch [nur] damit aufhören, wenn wir die Grenzen des Guten und des Schlechten erfahren haben; danach erst wird der Überdruss nicht zum Leben, die Furcht nicht zum Tod gehören.

(26) Einen Überdruss seiner selbst kann das Leben nämlich nicht befallen, wenn es die so vielen mannigfachen, bedeutenden, [und] erhabenen Dinge betrachtet: untätiger Müßiggang führt gewöhnlich jenen Hass auf sich selbst herbei. Beim Durchwandern der Welt wird die Wahrheit niemals dem Überdruss anheimfallen: Falsches wird zur Übersättigung führen.

(27) Wenn dagegen der Tod herannaht und einen ruft, mag es auch vorzeitig sein, mag er auch die Lebenszeit in der Mitte durchtrennen, wurde die Frucht des längsten [Lebens] empfangen. Die natürliche Ordnung ist ihm zum großen Teil bekannt, es weiß, dass das sittlich Gute nicht mit der Zeit anwächst: alles Leben muss jenen kurz erscheinen, die es an nichtigen und daher maßlosen Freuden bemessen.

(28) An diesen Gedanken erfrische dich und nimm dir zuweilen Zeit für unsere Briefe. Es kommt einmal die Zeit, die uns wieder vereint und zusammenschweißt; wie kurz sie auch sein mag, das Wissen, sie zu nutzen, wird sie lang machen. Denn wie Poseidonios sagte: „Ein einziger Tag der gebildeten Menschen steht im höheren Grad zu Diensten als den Unkundigen das längste Leben.“

(29) Interim hoc tene, hoc morde: adversis non succumbere, laetis non credere, omnem fortunae licentiam in oculis habere, tamquam quidquid potest facere factura sit. Quidquid expectatum est diu, levius accedit. Vale.

(29) Unterdessen halte mit aller Kraft den Grundsatz fest, sich den widrigen Umständen nicht zu unterwerfen, sich den Glück verheißenden anzuvertrauen, jedwede Willkür des Schicksals im Auge zu behalten, als ob es alles erwirken wird, was zu erwirken es imstande ist. Alles, was lange befürchtet wurde, trifft milder ein. Lebe wohl.

Seneca Lucilio suo Salutem,

(1) Expecto epistulas tuas quibus mihi indices circuitus Siciliae totius quid tibi novi ostenderit, et omnia de ipsa Charybdi certiora. Nam Scyllam saxum esse et quidem non terribile navigantibus optime scio: Charybdis an respondeat fabulis perscribi mihi desidero et, si forte observaveris (dignum est autem quod observes), fac nos certiores utrum uno tantum vento agatur in vertices an omnis tempestas aeque mare illud contorqueat, et an verum sit quidquid illo freti turbine abreptum est per multa milia trahi conditum et circa Tauromenitanum litus emergere.

(2) Si haec mihi perscripseris, tunc tibi audebo mandare ut in honorem meum Aetnam quoque ascendas, quam consumi et sensim subsidere ex hoc colligunt quidam, quod aliquanto longius navigantibus solebat ostendi. Potest hoc accidere non quia montis altitudo descendit, sed quia ignis evanuit et minus vehemens ac largus effertur, ob eandem causam fumo quoque per diem segniore. Neutrum autem incredibile est, nec montem qui devoretur cotidie minui, nec manere eundem, quia non ipsum <ignis> exest sed in aliqua inferna valle conceptus exaestuat et aliis pascitur, in ipso monte non alimentum habet sed viam.

Buch 9 – Brief 79

Seneca grüßt seinen Lucilius,

(1) Ich erwarte deinen Brief, in welchem du mir mitteilst, was dir die Umseglung von ganz Sizilien an Neuem offenbart hat und gleichfalls auch alles Zuverlässigere über Charybdis. Denn dass Skylla ein Felsen und für die Vorbeisegelnden sicherlich nicht Furcht erregend ist, weiß ich ganz genau: ich wünsche mir, dass ausführlich [im Brief] beschrieben wird, ob Charybdis den Erzählungen entspricht, und, wenn du es zufällig beobachtet hast (es ist nämlich wert, dass man es beobachtet), setze uns in Kenntnis, ob man nur durch einen einzigen Wind in die Strudel getrieben wird, oder ob jeder Sturm in gleicher Weise die berühmte Meeresströmung umdreht, und auch, ob es wahr ist, dass alles, was von jenem Meeresstrudel entführt wurde, über viele Meilen in Verborgenheit weggeschleppt wird und am Strand von Tauromenium emporkommt.

(2) Wenn du mir darüber berichtet hast, dann werde ich es wagen, dir den Auftrag zu geben, mir zu Ehren auch den Ätna zu besteigen, dessen Abtrag und allmähliches Absenken manche aus der Tatsache schließen, dass er sich den Seefahrenden [vormals] aus beträchtlich größerer Entfernung zu zeigen pflegte. Dieses kann eintreten, nicht weil sich die Berghöhe gesenkt hat, sondern weil seine Flamme an Kraft verloren hat und weniger stark und reichlich in die Höhe steigt – aus demselben Grund ist auch der Rauch im Tagesverlauf träger. Keins von beiden ist aber unglaubwürdig, weder, dass ein Berg, der [vom Feuer] verschlungen wird, täglich kleiner wird, noch das ebenderselbe Bestand hat, weil [das Feuer] ihn selbst nicht verzehrt, sondern es sich in irgendeinem unterirdischen Tal ansammelt, danach aufwogt und sich auch von anderen Dingen nährt, den Berg selbst [also] nicht als Nahrung, sondern als Weg betrachtet.

(3) In Lycia regio notissima est (Hephaestion incolae vocant), foratum pluribus locis solum, quod sine ullo nascentium damno ignis innoxius circumit. Laeta itaque regio est et herbida, nihil flammis adurentibus sed tantum vi remissa ac languida refulgentibus.

(4) Sed reservemus ista, tunc quaesituri cum tu mihi scripseris quantum ab ipso ore montis nives absint, quas ne aestas quidem solvit; adeo tutae sunt ab igne vicino. Non est autem quod istam curam inputes mihi; morbo enim tuo daturus eras, etiam si nemo mandaret.

(5) Quid tibi do ne Aetnam describas in tuo carmine, ne hunc sollemnem omnibus poetis locum adtingas? Quem quominus Ovidius tractaret, nihil obstitit quod iam Vergilius impleverat; ne Severum quidem Cornelium uterque deterruit. Omnibus praeterea feliciter hic locus se dedit, et qui praecesserant non praeripuisse mihi videntur quae dici poterant, sed aperuisse.

(6) [Sed] Multum interest utrum ad consumptam materiam an ad subactam accedas: crescit in dies, et inventuris inventa non obstant. Praeterea condicio optima est ultimi: parata verba invenit, quae aliter instructa novam faciem habent. Nec illis manus inicit tamquam alienis; sunt enim publica. [Iurisconsulti negant quicquam publicum usu capi.]

(3) In Lykien ist eine Gegend sehr bekannt (die Einwohner nennen sie He-
phaistion), weil der Erdboden an mehreren Stellen durchlöchert ist, den
ein Feuer ohne Verlust im Bewuchs harmlos durchwandert. Infolgedessen
ist die Gegend fruchtbar und grasreich, da die Flammen nichts versengen,
sondern nur mit sanfter und schwacher Kraft hervorschimmern.

(4) Aber wir sollten das [Thema] aufsparen, um es erst dann zu untersuchen, wenn du mir geschrieben hast, wie weit die Schneeflächen, die nicht
einmal der Sommer vertreibt, vom eigentlichen Krater des Berges entfernt
liegen; bis dahin sind sie geschützt vor dem nahen Feuer. Es gibt jedoch
keinen Grund, dass du mir diese Neugierde zuschreibst; du würdest dich
nämlich deiner Liebhaberei hingeben, auch wenn niemand einen Auftrag
gäbe.

(5) Was würde ich dir nicht geben, damit du den Ätna in deiner Dichtung
beschreibst, damit du dich mit diesem von allen Dichtern gefeierten Ort
befasst? Dass Vergil es schon zur Genüge getan hatte, stand Ovid keines-
wegs im Wege, sich mit ihm zu beschäftigen; alle beide haben nicht einmal Severus Cornelius abgeschreckt. Außerdem erwies sich dieser Ort für
jeden vom Glück begünstigt, und diejenigen, die vorangegangen waren,
scheinen das, was gesagt werden konnte, nicht vorzeitig an sich gerissen,
sondern zugänglich gemacht zu haben.

(6) [Doch] es besteht ein großer Unterschied, ob man sich mit einem ver-
brauchten oder einem bearbeiteten Stoff befasst: von Tag zu Tag nimmt er
zu, und Erfundenes steht denen, die erfinden wollen, nicht im Wege.
Überdies ist die Lage für den Letzten am besten: er trifft auf schon bereit-
stehende Worte, die, auf eine andere Weise geordnet, eine neue Anmut erlangen. Und er legt nicht Hand an sie wie an fremde Güter; sie gehören
nämlich zum Gemeingut (die Rechtsgelehrten verneinen, dass irgendein
Gemeingut durch Gebrauch in Besitz genommen wird).

(7) Aut ego te non novi aut Aetna tibi salivam movet; iam cupis grande aliquid et par prioribus scribere. Plus enim sperare modestia tibi tua non permittit, quae tanta in te est ut videaris mihi retracturus ingenii tui vires, si vincendi periculum sit: tanta tibi priorum reverentia est.

(8) Inter cetera hoc habet boni sapientia: nemo ab altero potest vinci nisi dum ascenditur. Cum ad summum perveneris, paria sunt; non est incremento locus, statur. Numquid sol magnitudini suae adicit? Numquid ultra quam solet luna procedit? Maria non crescunt; mundus eundem habitum ac modum servat.

(9) Extollere se quae iustam magnitudinem implevere non possunt: quicumque fuerint sapientes, pares erunt et aequales. Habebit unusquisque ex iis proprias dotes: alius erit affabilior, alius expeditior, alius promptior in eloquendo, alius facundior: illud de quo agitur, quod beatum facit, aequalest in omnibus.

(10) An Aetna tua possit sublabi et in se ruere, an hoc excelsum cacumen et conspicuum per vasti maris spatia detrahat adsidua vis ignium, nescio: virtutem non flamma, non ruina inferius adducet; haec una maiestas deprimi nescit. Nec proferri ultra nec referri potest; sic huius, ut caelestium, stata magnitudo est. Ad hanc nos conemur educere.

(7) Entweder kenne ich dich nicht gut oder der Ätna erweckt bei dir Begehrlichkeit; schon wünschst du dir, etwas Großartiges und den Vorfahren Ebenbürtiges zu schreiben. Denn mehr zu hoffen, lässt deine Bescheidenheit nicht zu, die bei dir so groß ist, dass es für mich den Anschein hat, du würdest die Möglichkeiten deiner Begabung zurückhalten, wenn die Gefahr bestände, Oberhand zu erlangen: so groß ist dein Respekt vor den Vorfahren.

(8) Unter anderem besitzt die Weisheit den folgenden Vorteil: niemand kann von einem anderen übertroffen werden, außer während er sich im Aufstieg befindet. Sobald man zum Gipfel gelangt ist, herrscht Ebenbürtigkeit; es gibt keinen Platz für eine Steigerung, man kommt zum Stehen. Fügt etwa die Sonne etwas ihrer Größe hinzu? Rückt der Mond etwa weiter hinaus, als er es regelmäßig tut? Die Meere wachsen nicht; die Welt bewahrt dieselbe äußere Erscheinung und Größe.

(9) Dinge, die ihre vollständige Größe erreicht haben, können sich nicht [weiter] erheben: alle, die weise geworden sind, werden ebenbürtig und gleich sein. Jeder einzelne von ihnen wird seine ihm allein eigentümlichen Vorzüge besitzen: der eine wird leutseliger sein, der andere ungebundener, der nächste gewandter im Vortrag, wieder ein anderer entschlossener: das, worum es geht, was glücklich macht, ist bei allen ebenbürtig.

(10) Ob dein Ätna verfallen und in sich zusammenstürzen kann, ob die unablässige Gewalt der Flammen diese erhabene und über die unermessliche Weite des Meeres sichtbare Höhe niederreißt – ich weiß es nicht: kein Feuer, kein Einsturz wird die sittliche Vollkommenheit tiefer hinabführen; diese einzigartige Größe kann nicht herabgedrückt werden. Sie kann weder weiter ausgedehnt noch zurückerstattet werden; ihre Größe ist auf eine Weise festgesetzt wie die der Unsterblichen. Lass es uns wagen, zu ihr hinaus in die Höhe zu ziehen.

(11) Iam multum operis effecti est; immo, si verum fateri volo, non multum. Nec enim bonitas est pessimis esse meliorem: quis oculis glorietur qui suspicetur diem? Cui sol per caliginem splendet, licet contentus interim sit effugisse tenebras, adhuc non fruitur bono lucis.

(12) Tunc animus noster habebit quod gratuletur sibi cum emissus his tenebris in quibus volutatur non tenui visu clara prospexerit, sed totum diem admiserit et redditus caelo suo fuerit, cum receperit locum quem occupavit sorte nascendi. Sursum illum vocant initia sua; erit autem illic etiam antequam hac custodia exsolvatur, cum vitia disiecerit purusque ac levis in cogitationes divinas emicuerit.

(13) Hoc nos agere, Lucili carissime, in hoc ire impetu toto, licet pauci sciant, licet nemo, iuvat. Gloria umbra virtutis est: etiam invitam comitabitur. Sed quemadmodum aliquando umbra antecedit, aliquando sequitur vel a tergo est, ita gloria aliquando ante nos est visendamque se praebet, aliquando in averso est maiorque quo serior, ubi invidia secessit.

(11) Ein großer Teil der Arbeit ist bereits ausgeführt; freilich, wenn ich die Wahrheit eingestehen will, nicht der Großteil. Denn auch eine edle Gesinnung an sich bedeutet nicht, besser als die Schlechtesten zu sein: würde irgendeiner, der das Tageslicht [nur] erahnt, mit seiner Sehkraft prahlen? Für wen die Sonne durch die Finsternis schimmert, der mag einstweilen zufrieden sein, dass die Dunkelheit vertrieben ist – am Glück der Erleuchtung erfreut er sich noch nicht.

(12) Unsere Seele wird das, wofür sie sich beglückwünscht, alsdann besitzen, wenn sie, entlassen aus dieser Dunkelheit, in der sie sich befindet, nicht mit schwachem Sehvermögen Helles vor sich sieht, sondern das volle Tageslicht hereingelassen hat und sie dem Himmel selbst wiedergegeben wurde, wenn sie den Platz zurückerobert hat, den sie durch das Los der Geburt erlangt hat. Ihre Ursprünge laden sie ein in die Höhe; sie wird sich aber dort [schon] befinden, noch bevor sie aus ihrem Gefängnis befreit wird, wenn sie ihre Lasterhaftigkeit zerschmettert und sich rein und leicht zu den göttlichen Gedanken emporschwingt.

(13) Mögen es wenige verstehen, mag es niemand verstehen: uns gefällt es, dieses voranzutreiben, teuerster Lucilius, voller Energie darauf loszuschreiten. Ruhm ist der ständige Begleiter der sittlichen Vollkommenheit: selbst gegen ihren Willen wird er sie begleiten. Aber so wie ein Schatten manchmal vorangeht, manchmal nachfolgt und sich im Rücken befindet, so liegt der Ruhm zuweilen vor uns und bietet sich zur Ansicht, zuweilen ist er abgewandt und, sobald sich die Missgunst zurückgezogen hat, umso größer, je später er eintritt.

(14) Quamdiu videbatur furere Democritus! Vix recepit Socraten fama. Quamdiu Catonem civitas ignoravit! Respuit nec intellexit nisi cum perdidit. Rutili innocentia ac virtus lateret, nisi accepisset iniuriam: dum violatur, effulsit. Numquid non sorti suae gratias egit et exilium suum complexus est? De his loquor quos inlustravit fortuna dum vexat: quam multorum profectus in notitiam evasere post ipsos! Quam multos fama non excepit sed eruit!

(15) Vides Epicurum quantopere non tantum eruditiores sed haec quoque inperitorum turba miretur: hic ignotus ipsis Athenis fuit, circa quas delituerat. Multis itaque iam annis Metrodoro suo superstes in quadam epistula, cum amicitiam suam et Metrodori grata commemoratione cecinisset, hoc novissime adiecit, nihil sibi et Metrodoro inter bona tanta nocuisse quod ipsos illa nobilis Graecia non ignotos solum habuisset sed paene inauditos.

(16) Numquid ergo non postea quam esse desierat inventus est? Numquid non opinio eius enituit? Hoc Metrodorus quoque in quadam epistula confitetur, se et Epicurum non satis enotuisse; sed post se et Epicurum magnum paratumque nomen habituros qui voluissent per eadem ire vestigia.

(14) Wie lange schien Demokrit der Raserei verfallen! Eben erst hat die öffentliche Meinung Sokrates aufgenommen. Wie lange hat die Bürgerschaft keine Kenntnis von Cato genommen! Sie hat ihn zurückgewiesen und erst richtig zu beurteilen gewusst, als sie ihn verloren hatte. Die Unschuld und die Tugendhaftigkeit eines Rutilius wäre verborgen geblieben, wenn er kein Unrecht erlitten hätte: während sie befleckt wurde, strahlte sie auf. Hat er seiner Bestimmung etwa nicht gedankt und seine Verbannung mit Wohlwollen aufgenommen? Ich spreche von denjenigen, die das Schicksal ausgezeichnet hat, während es sie heimsuchte: die Erfolge wie vieler sind [erst] nach ihrem Tod zur Bekanntheit gekommen! Wie viele hat die öffentliche Meinung nicht unmittelbar vernommen, sondern [später] ausgegraben!

(15) Du siehst, in wie hohem Grad nicht nur die Gebildeteren Epikur bewundern, sondern auch die gegenwärtige Masse der Unkundigen: in Athen selbst, in dessen Nähe er sich zurückgezogen hatte, war er unbekannt. Seinen [Freund] Metrodoros [damals] schon viele Jahre überlebend, setzte er deshalb in einem Brief, nachdem er seine Freundschaft mit Metrodoros in dankbarer Erinnerung gepriesen hatte, zuletzt dieses hinzu, dass es ihm und Metrodoros inmitten von soviel Gutem nichts geschadet hat, dass jenes ruhmvolle Griechenland sie persönlich nicht nur als fremd, sondern als gänzlich unbekannt betrachtet hatte.

(16) Ist er denn etwa nicht später, nachdem sein Dasein geendet hatte, entdeckt worden? Strahlte sein Ruf etwa nicht hervor? Auch dies hat Metrodoros in einem Brief eingestanden: dass er und Epikur nicht recht bekannt geworden seien; dass nach ihm und Epikur diejenigen einen berühmten und wohlversehenen Namen haben würden, die sich wünschten, auf denselben Spuren zu wandeln.

(17) Nulla virtus latet, et latuisse non ipsius est damnum: veniet qui conditam et saeculi sui malignitate conpressam dies publicet. Paucis natus est qui populum aetatis suae cogitat. Multa annorum milia, multa populorum supervenient: ad illa respice. Etiam si omnibus tecum viventibus silentium livor indixerit, venient qui sine offensa, sine gratia iudicent. Si quod est pretium virtutis ex fama, nec hoc interit. Ad nos quidem nihil pertinebit posterorum sermo; tamen etiam non sentientes colet ac frequentabit.

(18) Nulli non virtus et vivo et mortuo rettulit gratiam, si modo illam bona secutus est fide, si se non exornavit et pinxit, sed idem fuit sive ex denuntiato videbatur sive inparatus ac subito. Nihil simulatio proficit; paucis inponit leviter extrinsecus inducta facies: veritas in omnem partem sui eadem est. Quae decipiunt nihil habent solidi. Tenue est mendacium: perlucet si diligenter inspexeris. Vale.

(17) Keine sittliche Vollkommenheit bleibt verborgen, und verborgen geblieben zu sein, ist für sie selbst kein Nachteil: Der Tag wird nahen, an dem sie zum öffentlichen Gut gemacht wird, obgleich sie verdeckt und wegen der Missgunst ihrer Zeit unterdrückt worden ist. Zu wenigem ist von der Natur bestimmt, wer [nur] auf das Volk seines Zeitalters bedacht ist. Viele tausend Jahre, viele Völker werden dazukommen: an sie denke. Auch wenn der Neid allen, die mit dir leben, Schweigen auferlegt hat: es werden diejenigen kommen, die ohne Kränkung, ohne Gefälligkeit urteilen. Wenn der sittlichen Vollkommenheit irgendein Lohn aufgrund eines Urteils der Menge entsteht, geht auch dieser nicht verloren. Das Gerede der Nachwelt wird uns sicherlich in keiner Weise berühren; gleichwohl wird sie auch diejenigen, die sich dessen nicht bewusst sind, verehren und häufig nachsuchen.

(18) Einem jeden hat die sittliche Vollkommenheit entweder zu Lebzeiten oder nach dem Tode ihren Dank entrichtet, wenn er sie nur nach bestem Willen angestrebt hat, wenn er sich nicht [mit ihr] ausstaffiert und geschmückt hat, sondern derselbe geblieben ist, sei es, dass er nach Vorankündigung, sei es, dass er unvorbereitet und unerwartet sich zeigte. Der Schein bewirkt nichts: nur wenige täuscht eine äußerlich leicht überzogene Oberfläche: die Wahrheit ist in jedem Teil von ihr dieselbe. Was vorgetäuscht ist, besitzt nichts an Echtem. Dünn gesponnen ist die Lüge: wenn du genau hinschaust, schimmert sie durch. Lebe wohl.

Liber IX – Epistula LXXX

Seneca Lucilio suo Salutem,

(1) Hodierno die non tantum meo beneficio mihi vaco sed spectaculi, quod omnes molestos ad sphaeromachian avocavit. Nemo inrumpet, nemo cogitationem meam inpediet, quae hac ipsa fiducia procedit audacius. Non crepabit subinde ostium, non adlevabitur velum: licebit tuto vadere, quod magis necessarium est per se eunti et suam sequenti viam. Non ergo sequor priores? Facio, sed permitto mihi et invenire aliquid et mutare et relinquere; non servio illis, sed assentior.

(2) Magnum tamen verbum dixi, qui mihi silentium promittebam et sine interpellatore secretum: ecce ingens clamor ex stadio perfertur et me non excutit mihi, sed in huius ipsius rei contemplationem transfert. Cogito mecum quam multi corpora exerceant, ingenia quam pauci; quantus ad spectaculum non fidele et lusorium fiat concursus, quanta sit circa artes bonas solitudo; quam inbecilli animo sint quorum lacertos umerosque miramur.

Buch 9 – Brief 80

(1) Gegenwärtig habe ich Zeit für mich [selbst] – nicht nur durch eigenen Verdienst, sondern wegen eines Schauspiels, das die ganzen lästigen [Leute] zum Faustkampf [mit lederüberzogenen Eisenkugeln] weggerufen hat. Niemand wird hereinstürzen, niemand mein Denken und Sinnen behindern, das im sicheren Vertrauen darauf kühner voranschreitet. Die Tür wird nicht immer wieder knarren, der Türvorhang nicht angehoben werden: es wird möglich sein, ungefährdet loszugehen, was für denjenigen erforderlich ist, der für sich allein geht und seinen Weg verfolgt. Schließe ich mich also nicht den Vorfahren an? [Doch] tue ich, aber ich erlaube mir, sowohl etwas zu entdecken als auch zu verändern als auch hinter mich zu lassen; ich bin nicht ihr Sklave, sondern ich gebe ihnen meine Zustimmung.

(2) Gleichwohl ein großes Wort habe ich gesprochen, wenn ich mir Ruhe und einen einsamen Ort ohne Störenfried versprach: gib acht, ein ungeheurer Lärm wird aus dem Stadion herübergetragen und er reißt mich zwar nicht aus meinen Gedanken, aber er lenkt die Betrachtung gerade auf diesen Umstand. Ich überlege bei mir selbst, wie viele ihre Körper trainieren, wie wenige ihren Geist; welch großer Auflauf bei einem unaufrichtigen und dem Zeitvertreib dienlichen Schauspiel entsteht, welch große Einsamkeit bei den schönen Künsten herrscht; wie schwach im Geiste diejenigen sind, deren Arme und Schultern wir bewundernd anschauen.

(3) Illud maxime revolvo mecum: si corpus perduci exercitatione ad hanc patientiam potest qua et pugnos pariter et calces non unius hominis ferat, qua solem ardentissimum in ferventissimo pulvere sustinens aliquis et sanguine suo madens diem ducat, quanto facilius animus conroborari possit ut fortunae ictus invictus excipiat, ut proiectus, ut conculcatus exsurgat. Corpus enim multis eget rebus ut valeat: animus ex se crescit, se ipse alit, se exercet. Illis multo cibo, multa potione opus est, multo oleo, longa denique opera: tibi continget virtus sine apparatu, sine inpensa. Quidquid facere te potest bonum tecum est.

(4) Quid tibi opus est ut sis bonus? Velle. Quid autem melius potes velle quam eripere te huic servituti quae omnes premit, quam mancipia quoque condicionis extremae et in his sordibus nata omni modo exuere conantur? Peculium suum, quod comparaverunt ventre fraudato, pro capite numerant: tu non concupisces quanticumque ad libertatem pervenire, qui te in illa putas natum?

(5) Quid ad arcam tuam respicis? Emi non potest. Itaque in tabellas vanum coicitur nomen libertatis, quam nec qui emerunt habent nec qui vendiderunt: tibi des oportet istud bonum, a te petas. Libera te primum metu mortis (illa nobis iugum inponit), deinde metu paupertatis.

(3) Ich vergegenwärtige mir vor allem Folgendes wieder: wenn ein Körper durch Leibesübung zu einer solchen Leidensfähigkeit gebracht werden kann, dass er in gleicher Weise sowohl Faustschläge als auch Fußtritte von mehr als einem Menschen aushält, dass einer, die feurigste Sonne im heißesten Staub ertragend und von eigenem Blut triefend, den Tag verbringt, wie viel leichter könnte der Geist gestärkt werden, um Schicksalsschläge unerschütterlich auf sich zu nehmen, um sich, obwohl niedergeworfen, um sich, obwohl misshandelt, wieder zu erheben. Der Körper nämlich bedarf vieler Dinge, um stark zu sein: der Geist wächst aus sich [selbst] hervor, er nährt sich selbst, er übt sich [selbst]. Jener benötigt viel Nahrung, viel Trank, viel Öl, überhaupt eine lang andauernde Anstrengung: die sittliche Vollkommenheit wird dir ohne vorbereitende Maßnahme, ohne Aufwand zuteil werden. Alles, was dich sittlich gut machen kann, steckt in dir.

(4) Was du benötigst, um sittlich gut zu sein? Es zu wollen. Was kannst du aber Besseres wollen, als dich aus dieser Knechtschaft zu befreien, die alle auspresst, der sich Sklaven, auch in niedrigster Stellung und in dieser Verächtlichkeit geboren, auf jede Art und Weise zu entledigen versuchen? Ihr Sondergut, das sie, vom Munde abgespart, aufgebracht haben, zahlen sie für eine [freie] bürgerliche Existenz aus. Wirst du dir nicht wünschen, um jeden Preis zur Freiheit zu gelangen, für die du meinst, geschaffen zu sein?

(5) Warum schaust du dich nach deiner Geldkiste um? [Die Freiheit] kann nicht gekauft werden. Deshalb wird mit den Bürgerlisten ein leerer Begriff von Freiheit ermittelt, die weder diejenigen besitzen, die sie gekauft haben, noch diejenigen, die sie verkauft haben: es ist nötig, dir dieses Gut selbst zu gewähren, du musst von dir aus danach streben. Befreie dich zuerst von der Furcht vor dem Tod (sie legt uns das Sklavenjoch auf), dann von der Furcht vor der Armut.

(6) Si vis scire quam nihil in illa mali sit, compara inter se pauperum et divitum vultus: saepius pauper et fidelius ridet; nulla sollicitudo in alto est; etiam si qua incidit cura, velut nubes levis transit: horum qui felices vocantur hilaritas ficta est aut gravis et suppurata tristitia, eo quidem gravior quia interdum non licet palam esse miseros, sed inter aerumnas cor ipsum exedentes necesse est agere felicem.

(7) Saepius hoc exemplo mihi utendum est, nec enim ullo efficacius exprimitur hic humanae vitae mimus, qui nobis partes quas male agamus adsignat. Ille qui in scaena latus incedit et haec resupinus dicit,

en impero Argis; regna mihi liquit Pelops,
qua ponto ab Helles atque ab Ionio mari
urguetur Isthmos,

servus est, quinque modios accipit et quinque denarios.

(6) Wenn du erkennen willst, wie wenig Schlechtes sich in ihr befindet, vergleiche die Gesichtszüge der Armen und der Reichen miteinander: öfter und aufrichtiger lächelt der Arme; keine Unruhe herrscht in seinem Inneren. Auch wenn ihn irgendein Kummer befällt, vergeht sie gleichsam wie eine flüchtige Traurigkeit: die Heiterkeit derer, die glücklich genannt werden, ist vorgetäuscht oder eine folgenschwere und sich ins Innere fressende Traurigkeit, ja umso folgenschwerer, weil man zuweilen nicht offen unglücklich sein darf, sondern gerade inmitten des die Seele verzehrenden Trübsals den Glücklichen spielen muss.

(7) Folgendes Beispiel muss ich häufiger anführen, denn durch keines wird diese Posse des menschlichen Lebens nachdrücklicher ausgedrückt, die uns eine Rolle zuweist, die wir schlecht nur spielen. Jener, der auf der Bühne prahlerisch einherschreitet und, den Kopf stolz zurückwerfend, dieses spricht:

Seht, ich beherrsche Argos; Pelops hinterließ mir ein Königtum,
wo der Isthmus durch das Meer vom Hellespont und
vom ionischen Meer bedrängt wird,

ist ein Sklave, er erhält fünf Scheffel und fünf Denare.

(8) Ille qui superbus atque inpotens et fiducia virium tumidus ait,

quod nisi quieris, Menelae, hac dextra occides,

diurnum accipit, in centunculo dormit. Idem de istis licet omnibus dicas quos supra capita hominum supraque turbam delicatos lectica suspendit: omnium istorum personata felicitas est. Contemnes illos si despoliaveris.

(9) Equum empturus solvi iubes stratum, detrahis vestimenta venalibus ne qua vitia corporis lateant: hominem involutum aestimas? Mangones quidquid est quod displiceat, id aliquo lenocinio abscondunt, itaque ementibus ornamenta ipsa suspecta sunt: sive crus alligatum sive brachium aspiceres, nudari iuberes et ipsum tibi corpus ostendi.

(10) Vides illum Scythiae Sarmatiaeve regem insigni capitis decorum? Si vis illum aestimare totumque scire qualis sit, fasciam solve: multum mali sub illa latet. Quid de aliis loquor? Si perpendere te voles, sepone pecuniam, domum, dignitatem, intus te ipse considera: nunc qualis sis aliis credis. Vale.

(8) Jener, der stolz und übermütig [und] im Vertrauen auf seine Stärke hochtrabend sagt:

und wenn du nun nicht ruhig bist, Menelaos, wirst du durch diese Rechte niedergestreckt,

empfängt eine Tagesration, schläft unter einer zerlumpten Decke. Dasselbe darf man über all diese verweichlichten Leute sagen, die eine Sänfte über die Köpfe der Menschen und über das lärmende Getümmel hinweg schweben lässt: das Glück all derer ist nur Maske. Du wirst sie verachten, wenn du sie [dieser] beraubst.

(9) Wenn du ein Pferd kaufen willst, verlangst du, dass die Reitdecke abgenommen wird, den zum Verkauf ausgestellten Sklaven ziehst du die Kleidung herab, damit die körperlichen Mängel nicht verborgen bleiben: einen Menschen beurteilst du, obgleich er sich verhüllt hat? Sklavenhändler verbergen all das, was einen Grund gibt zu missfallen, durch irgendeine Verschönerung, deshalb sind den Käufern gerade Ausstaffierungen verdächtig: wenn du ein umwickeltes Bein oder einen umwickelten Arm erblicktest, du würdest ihn entkleiden und dir den Körper direkt zeigen lassen.

(10) Hast du jenen König von Skythien oder Sarmatien vor Augen, herausgeputzt mit einem Kopfschmuck? Wenn du ihn einschätzen und im vollen Umfang verstehen willst, was für einer er ist, entferne das Diadem: viel Schlechtes ist darunter verborgen. Was rede ich über andere? Wenn du dich genau zu untersuchen wünschst, lege Vermögen, Haus, gesellschaftliche Stellung beiseite, betrachte dich selbst von innen: nun vertraue anderen an, wer du bist. Lebe wohl.

———